こころのごはん 366日の祈り

Manna for Your Soul—366Days of Prayer

宮葉子

はじめに

『こころのごはん』シリーズ三作目は、毎日の祈りの本です。「こころのごはん」とは聖書のことば。みことばで祈る実践書として執筆しました。

みなさんは日々、どのように祈りますか。聖書を教え導いてくださった方の祈りと母教会の祈りが、私にとっては最初の祈りの先生でした。それは、自分のことばで心を注ぎ出し、みことばに信頼して主に聞く祈りでした。

祈りに良い悪いはありません。ありのまま祈ればいい。ただ、深い浅いはあります。お願いや状況説明の祈りはよく耳にしますが、みことばで祈る祈りは案外少ないものです。

本書ではまず、右にあるみことばを思い巡らしてみてください。聖書は生きて働く神のことばであり、祈りは対話です。心を開いて神の意向に耳を傾け、自分の思いも正直に話す。左にある祈りは、祈りを深める助けとして用いてください。繊細に創造された女性のバイオリズムを考え、季節を意識して構成しました。毎日一編ずつ、あるいは気になるテーマを選んで祈ってみるのもよいと思います。何が気になるのかをも、祈りの中で主に教えていただきましょう。

三六六の祈りは、私の祈りであり、多くの女性と関わってきた中で生まれた誰かの、そしてあなたの祈りです。さらに深く、愛なる主に、祈りの交わりを通して出会えますように。

宮葉子

1月

January

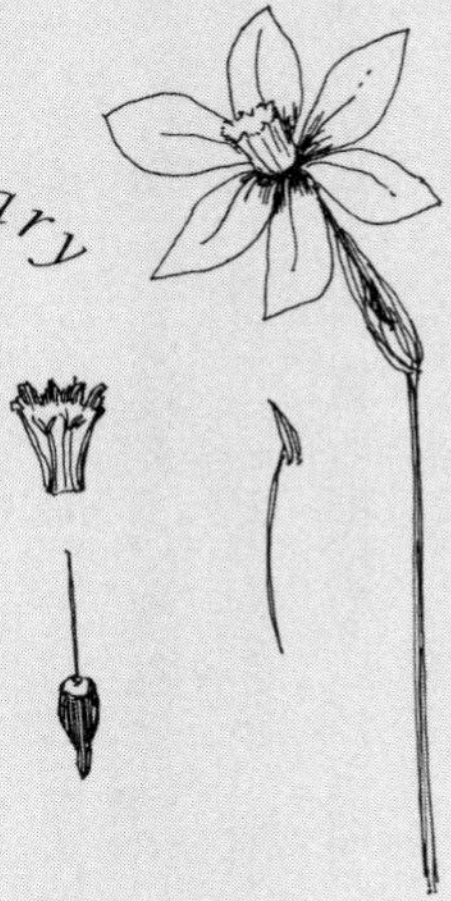

1月1日

たゆみなく祈りなさい。感謝をもって祈りつつ、目を覚ましていなさい。

［コロサイ四・二］

新しい年をありがとうございます。この一年、私は目を覚まして心をよく見張っていきます。どんな時にも、信仰を持って祈ることを決意します。決意を行動につなげます。感謝を口にして、神と人に表します。聖霊さま、日々、力を注いでください。神の愛の広さ長さ高さ深さを味わい知る年として、私の地境を広げ祝福してください。

1月2日

人はパンだけで生きるのではなく、神の口から出る一つ一つのことばで生きる。

［マタイ四・四］

神さま、あなたのごはんをありがとうございます。今日も私はいただきます。みことばは力。みことばは愛。慰めと励まし、勇気と希望。この複雑で曖昧な時代を生き抜くために必要なすべてが含まれています。私のたましいを生き返らせ、心の目を明るくしてくれます。よくかんで、十分に味わいます。与えられたこの一日を、主と共に生きていきます。

1月3日

わがたましいよ　主をほめたたえよ。主が良くしてくださったことを何一つ忘れるな。

［詩篇一〇三・二］

神さま、家族で集まり、おめでとうと言い合う季節ですが、そこはかとなく寂しさも感じています。人が人であることの寂しさを思うと出口が見えなくなりますが、主を思う時、心の方向は変わります。寂しいままで、私のたましいに命じる。主をほめたたえよ。主がこれまで良くしてくださったことを思い返して、私の宝にしなさい。

1月4日

自分のいのちを救おうと思う者はそれを失い、わたしと福音のために
いのちを失う者は、それを救うのです。
［マルコ八・三五］

みこころを知りたいと願いながら、主に心が定まりません。自分を必死に生かそうとしたり、世間の目を気にしたりと、そもそもの出発点がくるっています。自分の思いをいったん脇に置きます。主と人のために手放しで捧《ささ》げるのは怖いですが、自分を失うことでいのちは救われ、本当の私を見出せると主は言います。狭い枠から飛躍して、大胆にあなたに従えるように助けてください。

1月5日

それから、主は彼のうしろの戸を閉ざされた。　［創世七・一六］

いのちのことばの確かさを伝えたい。願ったのはただそれだけでした。行き先不明の箱舟に乗り込んだ私は、ほとんど何も知りませんでした。その時、戸を閉めたのはあなたです。後ろを振り返らずに信頼して待てと言われ、気が遠くなるほど長い月日の中、試練の雨は降り続きました。時が来て、あなたが開けた戸の外には、希望の大地が見えました。私はあなたのことばを伝え続けます。

1月6日

ハレルヤ。まことに　われらの神にほめ歌を歌うのは良い。まことに楽しく　賛美は麗しい。

［詩篇一四七・一］

ハレルヤ、不思議なことば。ハレルヤ、心が晴れる。ハレルヤ、あなたを賛美し、あなたを喜ぶ。ハレルヤ、私の心に、あなたが広がる。神の国が広がる。私はあなたの中に生きている。神の国が私の周りに広がる。ハレルヤ、あなたを慕い求めます。ハレルヤ、生きることは神を味わうこと。ハレルヤ、あなたの愛が、私の中に満ちていく。

1月7日

それゆえ私は　生きるかぎりあなたをほめたたえ／あなたの御名《みな》により　両手を上げて祈ります。脂肪と髄《ずい》をふるまわれたかのように／私のたましいは満ち足りています。喜びにあふれた唇で／私の口はあなたを賛美します。

［詩篇六三・四―五］

今、私は孤立しています。心を許して話せる人が身近にいません。まならない毎日に傷だらけです。それゆえ、私はあなたに信仰の手を上げます。あなたを切に求めます。わたしはあなたを賛美します。唇の果実を捧げます。あなたこそ心から信頼できる私の友です。渇きを癒やし、あなた自身の豊かさで満たしてください。

1月8日

自分に関することについては、できる限り、すべての人と平和を保ちなさい。

［ローマ一二・一八］

すべての人に対して、公平に関わりたい。たとえ気に入らない相手でも、主が間に立っておられることを思い出せるゆとりを与えてください。人とは平和を保つことを第一にして、挑みたくなる時は聖霊さまが諭してください。御霊《みたま》の実である寛容と忍耐と自制を、私にもっと与えてください。あなたは平和の神、私はあなたの弟子です。

1月9日

あなたがたもキリスト・イエスにあって、自分は罪に対して死んだ者であり、神に対して生きている者だと、認めなさい。〔ローマ六・一一〕

同じ失敗を繰り返す私を助けてください。醜さ、もろさ、弱さ、寂しさがにじみ流れ、気持ちやことばを汚《けが》します。古い人に結びつけられた悪影響を、あなたに手渡します。過去の重荷から解かれ、すっかり変わらせてください。主イエスとのつながりを深めるごとに自由を知り、本当に生きた者になります。

1月10日

あなたの重荷を主にゆだねよ。主があなたを支えてくださる。

［詩篇五五・二二］

神さま、やることの多さに圧倒されています。のしかかってくることの重さはなんでしょうか。焦りと重圧に追い詰められています。握りしめているこの手を開いて、深呼吸します。持っている重荷をすべて、あなたに放り投げます。身軽になれ、私の心。身軽になれ、私よ。

1月11日

いのちを与えるのは御霊《みたま》です、肉は何の益ももたらしません。

［ヨハネ六・六三］

よかれと思ってしたことで、相手を傷つけてしまいました。情で動くと失敗します。人は難しい。だからこそ、いのちを与えるのは、どこまでも御霊であることを肝に銘じます。肉は何の益ももたらさない。厳しいことばですが、真理です。愛とそうではないものを見極められるように、神の知恵と聖霊の力を私に増し加えてください。

1月12日

しかし、わたしはあなたがたに言います。自分の敵を愛し、自分を迫害する者のために祈りなさい。

［マタイ五・四四］

主よ、敵を憎まず、罪を憎みます。愛することは難しいですが、相手の立場になって考える寛容を与えてください。もし私があの人の立場ならば、同じように難しい人になっていたと思います。主のあわれみの眼差しから、とりなして祈れるように導いてください。あの人が主の愛を知り、自分を赦《ゆる》せることを祈ります。

1月13日

「もう、息子と呼ばれる資格はありません。雇い人の一人にしてください。」こうして彼は立ち上がって、自分の父のもとへ向かった。ところが、まだ家までは遠かったのに、父親は彼を見つけて、かわいそうに思い、駆け寄って彼の首を抱き、口づけした。

［ルカ一五・一九―二〇］

あなたから逃げ出した放蕩《ほうとう》息子のように、主の声に耳をふさぎました。でも、私が立ち上がって、主の元へ戻ろうとした時、あなたの方から私に駆け寄って、涙を流して抱きしめてくれました。祈らなくても、聖書を読まなくても、私はさばかれませんでした。そうして、あなたの慈愛を本当に知りました。私は主の口づけに目が覚めました。

1月14日

また、祈るために立ち上がるとき、だれかに対し恨んでいることがあるなら、赦しなさい。そうすれば、天におられるあなたがたの父も、あなたがたの過ちを赦してくださいます。

［マルコ一一・二五］

神さま、私を丸ごと赦してくださり感謝します。人を赦す力を私にも与えてください。時折、沈殿している赦せない思いが浮かんで、平安をかき乱して私を苦しめます。繰り返される負のパターンから解き放ってください。過去に私を傷つけた人の名前を思い出させてください。私は彼らの赦しを選びます。彼らに値しないギフトを贈ることで、私はさらに自由になれます。

1月15日

心の貧しい者は幸いです。天の御国《みくに》はその人たちのものだからです。

［マタイ五・三］

結局、自分は心の貧しい者ではないと高ぶっていました。頼りにしていたものを失ってはじめて、あなたのあわれみと恵みは、無類のギフトだと知りました。ただ私が私であるだけでいいのだとも教えられました。助けを率直に必要だと求める人に親しく心を寄せるイエスさま。私は私だけでは生きていけません。あなたを慕い、天の御国のただ中に、今日も生きていきます。

1月16日

待ち望め　主を。雄々しくあれ。心を強くせよ。待ち望め　主よ。
［詩篇二七・一四］

あなたを待ち望みます。最悪なシナリオを描いて落ち込んでしまう思考のクセを取り除いてください。問題に圧倒されて、考えることから逃げ出そうとする弱さも扱ってください。主にあって心を強くします。信仰の勇気を持ちます。あなたを仰ぐ時、希望がみなぎります。みことばの光は、私の足の灯《ともしび》。行く道を明るく照らしてくださいます。

1月17日

すべてのことには定まった時期があり、天の下のすべての営みに時がある。生まれるのに時があり、死ぬのに時がある。……泣くのに時があり、笑うのに時がある。嘆くのに時があり、踊るのに時がある。

［伝道者三・一―四］

生きるほどに、別れと悲しみに出会うことが増えました。なぜ、どうしてと、今はこの喪失の意味を見出せずにいます。ただ、神のかたちを損なった私が愛のカケラを取り戻して、主につなぎ合わされたことに希望を持ちます。十字架の意味を少しずつ知ったように、この喪失の意味もだんだん見えてくると信じます。私は後の日に、ほほえんで踊るでしょう。

1月18日

ですから、皆さん、元気を出しなさい。私は神を信じています。私に語られたことは、そのとおりになるのです。

[使徒二七・二五]

今、先の見通しが立てられず、暴風に流された船のような状態です。嵐の中、あなたは元気を出しなさい、と声をかけてくださいます。主よ、私に何を伝えようとしているのでしょうか。あなたの声を聞いていきます。乗り越える力を与えてください。私の神は私の道しるべ、凪《なぎ》の日は確かに来ます。

1月19日

すべての訓練は、そのときは喜ばしいものではなく、かえって苦しく思われるものですが、後になると、これによって鍛えられた人々に、義という平安の実を結ばせます。

［ヘブル一二・一一］

痛みも辛《つら》さも嫌だけれど、あなたは天の父なので、それは愛だと分かっています。子である私の成長を願い、時々、訓練を与えます。試練だとか懲らしめと呼ばれているものは、私の弱さを明るみに出し、情けない姿を見せます。思いは乱れ、涙も叫びも味わいます。やがて後の日に気付きます。確かにキリストは内に生きていると。そして、私の手には平安の実が残ります。

1月20日

あなたがたは、自分が神の宮であり、神の御霊《みたま》が自分のうちに住んでおられることを知らないのですか。

［Ⅰコリント三・一六］

私の中に神の国があり、御霊が宿っています。体は私のものですが、神の住まいでもあります。ですから、何を食べようか飲もうか、何を見ようか聞こうか、神の国にふさわしいものを選べるように助けてください。刺激を求める欲に誘われて、不要なものを取り込み、心と体を汚《けが》さないように守ってください。私はきれいに生きていきたい。

1月21日

わたしが与える水を飲む人は、いつまでも決して渇くことがありません。わたしが与える水は、その人の内で泉となり、永遠のいのちへの水が湧き出ます。

[ヨハネ四・一四]

今日は時間を無駄にしました。いのちの水ではなく、ほかのもので満たそうとして、気持ちの定まらない一日でした。自己嫌悪に陥っている暗い淵《ふち》の底から、浮上させてください。光に顔を向け、信仰の口を開けます。渇くことのないあなたの水で満たし、心を丸ごと潤してください。永遠のいのちの泉を内に携えて、私は明日を新しく生きると決意します。

1月22日

だれでもキリストのうちにあるなら、その人は新しく造られた者です。古いものは過ぎ去って、見よ、すべてが新しくなりました。

［Ⅱコリント五・一七］

「すべてが新しくなった」と言えるのは、神さまだけです。人がどれだけ慰めてくれても、私を真っさらにはできません。思い出したくない記憶、しみだらけになった心や重荷のすべてを、あなたは受け止めてくださいます。過去の罪責感を十字架に降ろします。身軽にされた私は、完全に新しい人として生まれ、あなたと共に歩み続けます。

1月23日

こういうわけで、あなたがたは、食べるにも飲むにも、何をするにも、すべて神の栄光を現すためにしなさい。

［Ⅰコリント一〇・三一］

神さま、生きる目的がわからず、長く苦しい思いをしました。でも、今ははっきりとことばにできることを感謝します。人の営みは喜びとして与えられた恵みです。底なしの欲から解き放たれ、私は驚くほど自由です。すること、しないこと、食べること、食べないこと、飲むこと、飲まないこと。どれも迷った時には、あなたの栄光を現すかを問いながら、信仰と意思を働かせて選びます。

1月24日

狭い門から入りなさい。滅びに至る門は大きく、その道は広く、そこから入って行く者が多いのです。いのちに至る門はなんと狭く、その道もなんと細いことでしょう。そして、それを見出す者はわずかです。

［マタイ七・一三―一四］

私にあったのは、ただ小さな信仰だけでした。ほんの一握りの勇気を振り絞って、心を開きました。あなたが私のところに来てくださりうれしかった。日本でキリスト者として生きるのは、マイノリティーの難しさがあります。それでも、世界中にいる仲間を思うと勇気が湧きます。主と誰かが、私のために祈っている。この旅路を喜び、最後まで歩んでいきます。

1月25日

しかし、御霊《みたま》の実は、愛、喜び、平安、寛容、親切、善意、誠実、柔和、自制です。［ガラテヤ五・二二―二三］

どうなりたいのかと、あなたは問います。御霊の実を結ぶ者になりたいのです。でも、自力ではできません。だからこそ、聖霊さま、助けてください。ぶれない愛、喜びと平安でいつも満たしてください。その愛を働かせて、人を受け入れる寛容さと、相手に仕える柔らかい心を与えてください。感情に振り回されず、自制していけるように守り導いてください。

1月26日

思い違いをしてはいけません。神は侮られるような方ではありません。人は種を蒔《ま》けば、刈り取りもすることになります。自分の肉に蒔く者は、肉から滅びを刈り取り、御霊《みたま》に蒔く者は、御霊から永遠のいのちを刈り取るのです。

［ガラテヤ六・七―八］

人は人に過ぎず、神は侮られるおかたではありません。あなたは寛大ですが、甘やかしません。私は神を畏《おそ》れ敬います。我欲から蒔いた行いには、刈り取りが待っています。このことを肝に銘じて、日々の選択をします。分かれ道や大きな決断には、自分の使命に照らし、たましいが喜ぶことを吟味します。私に主の知恵と霊的な視座を与えてください。

1月27日

私は霊で祈り、知性でも祈りましょう。霊で賛美し、知性でも賛美しましょう。

［Ⅰコリント一四・一五］

神さま、祈りを教えてくださり感謝します。どんな時にも私には祈りがあります。人に言えないこともあなたには祈れます。口先の祈りやお願いではなく、さらに深みへ伴ってください。聖書に聞き、知性を働かせた祈りと同時に、聖霊に満たされ、みことばを思い起こさせてくださる祈りへと導いてください。祈りの中で主の真理を知り、みこころを聞き分けていけますように。

1月28日

あなたがたが新しく生まれたのは、朽ちる種からではなく朽ちない種からであり、生きた、いつまでも残る、神のことばによるのです。

［Ⅰペテロ一・二三］

たくさんのことばが生まれては壊され、古びては死んでいきます。けれども神のことばは違います。「光よあれ」と天地が創造されて以来、あなたのことばは痛めつけられたり焼かれても不変のまま、みずみずしく人のたましいを救い、いのちを潤します。いのちのことばに私も救われて新しい人になりました。この力に生かされていることに希望があります。

1月29日

あなたがたは向きを変えて出発せよ。

［申命一・七］

あまりに長く同じ所に留まっていました。繰り返される日常に希望が持てずにいました。向きを変えたくとも阻まれました。失望が私を捉え、霊の耳はふさがれ、心は縛られ、苦しい長い夜を重ねました。それでもあなたは、新しい季節はすでに始まっていると励まします。信仰の目を上げ、耳をすまし、あなたの声を聞き分けます。確かにあなたは荒野《あらの》に道を造る方です。

1月30日

主よ　あなたは私を探り　知っておられます。あなたは　私の座るのも立つのも知っておられ／遠くから私の思いを読み取られます。……あなたは前からうしろから私を取り囲み／御手《みて》を私の上に置かれました。

［詩篇一三九・一―二、五］

この夜、私は恵みを振り返ります。主を感謝することは私の力です。胎の内にある時から、私を選んでくださった奇跡を思います。私の思いの深みまで知りつつも、自立した信仰者となるように、温かい目で静かに見守り続けてくださり感謝します。あなたの恵みが取り囲んでいるのでいつも安心です。神の愛を知って、神と神を愛する人たちと共に生きる幸いを知りました。

1月31日

初めにことばがあった。ことばは神とともにあった。ことばは神であった。
[ヨハネ一・一]

私はことばを探して、長く彷徨《さまよ》っていました。あふれる情報や、発信される無数のことばに、ほとんど溺れかかっていた時、みことばの浮き輪をあなたが投げてくださいました。「初めにことばがあった」。探していたのは、あなたのことば、あなたご自身でした。主よ、キリストのことばは生きています。私は聖書の糧をいただいて、これからも成長していきます。

2月 February

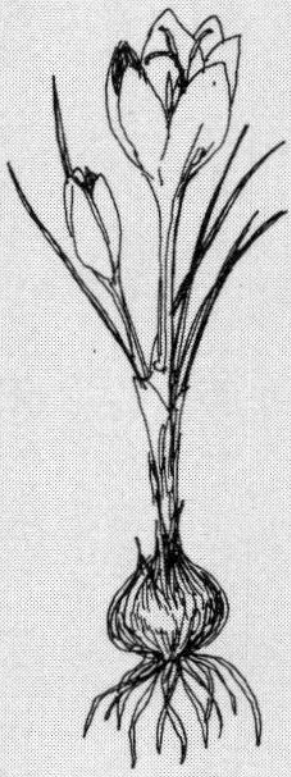

2月1日

天にも地にも、わたしは満ちているではないか。［エレミヤ二三・二四］

天地を創られた大きな神さま、朝の冷たい空気を肌に感じながら、空を見上げてあなたを思います。旅先の風景にも神は満ちておられます。冬、寒さで縮こまった体と心を、のびやかに解放します。春を待つ植物のように、忍耐強くあなたに期待して、隅々まで温められます。春は必ずやってきます。

2月2日

勤勉で怠らず、霊に燃え、主に仕えなさい。

［ローマ一二・一一］

神さま、聖書を読む気が起こりません。祈りもおざなりです。日常に流されていきます。あなたとの間に見えない壁があって、遠くに感じています。信仰の感受性が鈍くなっています。私を助けてください。新鮮な聖霊の油で満たし、神の熱心によって私の霊を燃やしてください。初めの愛を思い起こし、第一のことを第一にしていくと決意します。

2月3日

わたしはあなたの行いを知っている。あなたは冷たくもなく、熱くもない。むしろ、冷たいか熱いかであってほしい。

［黙示録三・一五］

生ぬるい水ほどまずいものはありません。そのようなキリスト者となってしまい、あなたの口から吐き出されたくありません。キリストの弟子として御霊《みたま》に燃やされたい。私自身の心が解放され、精神が健全になり、湧き出る喜びに満たされて、人々の元に派遣されたい。隣人《となりびと》に希望の福音を伝え、確かに平安が得られることをコミュニティで証《あか》しさせてください。

2月4日

わが神　主よ／私が叫び求めると／あなたは私を癒やしてくださいました。主よ　あなたは私のたましいをよみから引き上げ／私を生かしてくださいました。

［詩篇三〇・二―三］

人から言われたことばと仕打ちが忘れられません。過去の辛《つら》い記憶のすべてを拭ってください。自尊感情が傷つき、前向きになれません。くじけやすい私の意思に、主の優しい御手《みて》を置いて、すっきりと健やかにしてください。キリストにある新しい性質が、私の中で解き放たれますように。聖霊さま、あなたの油注ぎを待ち望みます。

2月5日

神よ　私を探り　私の心を知ってください。……私のうちに　傷のついた道があるかないかを見て／私をとこしえの道に導いてください。

［詩篇一三九・二三―二四］

私にはとらわれがあります。過去の傷を掘り起こし、後悔が苦味となって気持ちを濁します。それは私をかんじがらめにして、〃失望〃という名の枷《かせ》をはめます。あわれんでください。心を探り、傷ついた道に手を触れ、うずきを完全に癒やしてください。問題を複雑にしたくありません。あなたの希望に続く道へと導いてください。

2月6日

弟子たちの心を強め、信仰にしっかりとどまるように勧めて、「私たちは、神の国に入るために、多くの苦しみを経なければならない」と語った。

［使徒一四・二二］

外で人と関わると、心がざわつきます。衝突、違和感、疎外感もあります。でも、苦しみはあると、あらかじめ教えられているので覚悟を決めます。やせ我慢をせず、あなたに心を強めていただきます。問題を必要以上に抱え込みません。苦しみは、主の心に近づくための通過点。その先にある自由に期待します。

2月7日

イエスは彼らの思いを知って言われた。「どんな国でも分裂して争えば荒れすたれ、どんな町でも家でも分裂して争えば立ち行きません。」

［マタイ一二・二五］

今、争いの場に置かれています。主よ、介入してください。このままでは、砂の上に建てた家のごとく築いたものは崩れ去ります。互いの口から漏れ出る悪いことばをお赦《ゆる》しください。刺々《とげとげ》しい雰囲気が平和に変わり、建設的に話し合えますように。祈りには力があります。獅子《しし》の口はふさがれ、諦めて投げやりな人たちの心が動き、愛をもって協力し合う大切さを思い出させてください。

2月8日

あらゆる恵みに満ちた神、すなわち、あなたがたをキリストにあって永遠の栄光の中に招き入れてくださった神ご自身が、あなたがたをしばらくの苦しみの後で回復させ、堅く立たせ、強くし、不動の者としてくださいます。

［Ⅰペテロ五・一〇］

キリストと共に歩むことは、あなたの苦しみも体験することです。今がその時だと感じています。この試練の過程で、不純物は取り除かれ、あなたに似た者へと精錬されていきます。私を強め、不動の者とする約束を、永遠のいのちの約束とともに胸に抱き、私はいっさいの疑いなく乗り越えていきます。

2月9日

立ち返って落ち着いていれば、あなたがたは救われ、静かにして信頼すれば、あなたがたは力を得る。

［イザヤ三〇・一五］

この非常事態に、解決を求めて動きたくなる者ですが、静かにしなさいと神は言われます。立ち返り、落ち着き、信頼すること。そうすれば、聖霊の力をいただきます。祈りと聖書を通して、やがてあなたのことばが心に響き、知恵と導きが与えられます。神の時には、助け人をも必ず送ってくださいます。問題から手を放して静まり、全知全能の神を見上げます。

2月10日

もし私たちが自分の罪を告白するなら、神は真実で正しい方ですから、その罪を赦し、私たちをすべての不義からきよめてくださいます。

［Iヨハネ一・九］

あなたは愛の方です。さばきの神ではありません。私は安心して、罪を告白します。自分の口で罪を言い表せば、あなたは赦し、忘れたと言ってくださいます。あなたの赦しは、私の汚《けが》れをきよめ、再び歩み出す勇気を与えてくれます。たとえ良心がしつこく咎《とが》めようと、私もすっかり忘れることにします。

2月11日

あなたがたは心の包皮《ほうひ》に割礼《かつれい》を施しなさい。もう、うなじを固くする者であってはならない。

［申命一〇・一六］

うなじのこわい者は、神のことばを聞き流します。自分の考えにこだわって扉を閉じます。プライドが邪魔をするので、安全に小さくまとまって生きようとします。でも、突然、雪崩《なだれ》のように後悔と失望が襲って打ちのめされます。砕かれると痛い。でも、心の包皮を切り捨てます。柔らかくされて、主のことばを真っ直ぐに受け止めます。自分から大胆に主に近付いて生きていきます。

2月12日

主は心の打ち砕かれた者の近くにおられ／霊の砕かれた者を救われる。

［詩篇三四・一八］

神さま、悲報に触れて心が固まっています。失ったことの大きさに、今ごろ気付いています。何もできなかった自分が悔しいです。心が砕け散り、たましいがくずおれているようなのです。呼吸が浅く、無感覚になる時もあります。この嘆きを聞き入れてください。主よ、どうか私の手を握って共に歩いてください。悲しみを少しずつ織り込んで、新しいストーリーを紡ぐ力を与えてください。

2月13日

主よ　深い淵《ふち》から私はあなたを呼び求めます。主よ　私の声を聞いてください。私の願いの声に耳を傾けてください。［詩篇一三〇・一―二］

まるで井戸の底に座っているようです。上にぽっかりと空いた穴に向かって祈ってみても、あなたに声が届きません。自分の声がくぐもって聞こえます。思考にも膜が覆われてはっきりしません。どうかこの悩みを、とらわれを、あなたにいっさい渡せるように助けてください。私の叫びが、あなたに届きますように。アーメン。

2月14日

苦難の日に／わたしを呼び求めよ。わたしはあなたを助け出し／あなたはわたしをあがめる。

［詩篇五〇・一五］

試練や不条理に巻き込まれた時、この約束が支えでした。神の摂理は信じています。でも、今また手も足も出ない中で、苦しんでいます。心が折れてしまわないか心配です。後の日に、大きくほほえむ日が来ると信じます。どうぞ、逃れの時を早めてください。あなたの道を見失わず、この季節を脱出できるように助けてください。

2月15日

イエスは彼に言われた。「わたしに何をしてほしいのですか。」すると、その目の見えない人は言った。「先生。目が見えるようにしてください。」

［マルコ一〇・五一］

「何をしてほしいのか」。あなたの問いかけに答えます。癒やされたいのです。人には言いたくありません。あなたにだけは伝えます。悪いところを取り除いて、不調を癒やしてください。目の見えない人は、願いどおり見えるようになりました。私も病から解放してください。雲のない青空を見たい。遮るもの一つない気持ちになりたい。主は癒やし主、たましいの救い主です。

2月16日

わたしは唇の実を創造する者。平安あれ。遠くの者にも近くの者にも平安あれ。わたしは彼を癒やす。

［イザヤ五七・一九］

神さま、つぶやきが口をついて出てきます。不平と不満がいのちの水に流れ込み、思いを汚《けが》します。わたしは癒やす。あなたの力強いことばを受け取ります。あなたは賛美をつくる方。唇に麗しい果実を置いてくださる方。平安あれ、平安あれ、とあなたの声が響きます。自分の思いを先立てたことを悔い改めます。賛美の果実が、癒やされた口からあふれ、捧《ささ》げられますように。

2月17日

この川が流れて行くどこででも、そこに群がるあらゆる生物は生き、非常に多くの魚がいるようになる。この水が入ると、そこの水が良くなるからである。この川が入るところでは、すべてのものが生きる。

［エゼキエル四七・九］

高きあなたから、いのちの水は流れてきます。私は、低く低くなり、主の水をあふれんばかりにいただきます。水は器に合わせて形を変えますが、水は水。そのように柔らかい心で生きていきたい。とがったところを削り、丸く丸くしてください。いのちの水は恵みそのもの。私を生かします。これから行く先々で、あなたの祝福が流れます。

2月18日

心を尽くして主に拠《よ》り頼め。自分の悟りに頼るな。あなたの行く道すべてにおいて、主を知れ。主があなたの進む道をまっすぐにされる。

［箴言三・五―六］

今、分かれ道にいます。大きな進路を決断する必要に迫られています。ニネベを拒んだヨナと同じく、反対行きの船まで通りかかっています。これに乗ると魚に飲み込まれて後悔するかもしれませんが、楽な道にも惹《ひ》かれます。それでも、私の道はあなたの道。失敗を恐れず、心から主に頼り、祝福を信じます。私のニネベを選びます。信仰と勇気を与えてください。

2月19日

しかし、これらすべてにおいても、私たちを愛してくださった方によって、私たちは圧倒的な勝利者です。

［ローマ八・三七］

イエスさまから引き離そうとするものが、いたるところに仕掛けられています。どんな悩みも、心を騒がすものも、私はあなたに手渡します。周りに影響され、人やことばに翻弄されやすい私の内側を守ってください。他人の評価から離れます。私はあなたにあって圧倒的な勝利者だと宣言します。

2月20日

神の賜物《たまもの》と召命《しょうめい》は、取り消されることがないからです。

［ローマ一一・二九］

情熱を持った道から外れてしまいました。諦めが私を誘惑します。すさみへと引きずられ、燃えつきそうです。もう一度、初めの愛に戻れるように、主の情熱を注いでください。あなたは火によって人を精錬し、信仰の純度を高める方です。暗い季節を走り抜けるためにも、神からの賜物と召命を受け取り直します。それは取り消されることがないからです。

2月21日

しかし、わたしはあなたのために、あなたの信仰がなくならないように祈りました。ですから、あなたは立ち直ったら、兄弟たちを力づけてやりなさい。

［ルカ二二・三二］

私の信仰に小さな穴が空いていました。見過ごしていると、サタンがその破れ口に手を掛けました。麦のようにふるいにかけられ、愚かな自分を見せつけられました。絶望して立ち上がれずにいた私に、あなたがもう一度声をかけてくださいました。信仰がなくならないようにと祈っておられた主よ、私はあなたを愛します。仰せのとおり、人々を励ましていきます。

2月22日

しかし、必要なことは一つだけです。

［ルカ一〇・四二］

あれもこれもと、段取りを考えることに追われています。今、浅くなった呼吸を整えて息を吸い、私のイエスさまに集中して、ゆっくりと息を吐きます。どうしても必要なことはわずか、いえ、一つだけです。あふれる音を消し、しんとした心を取り戻して祈ります。やりすぎるなと気遣う主よ、あなたの優しい瞳を見上げて、私は何でも相談します。

2月23日

すべての聖徒たちとともに、その広さ、長さ、高さ、深さがどれほどであるかを理解する力を持つようになり、人知をはるかに超えたキリストの愛を知ることができますように。そのようにして、神の満ちあふれる豊かさにまで、あなたがたが満たされますように。

［エペソ三・一八―一九］

私のイエスさまは、時々小さくなりすぎます。あなたの愛を知っていると言いながら、うっかりすると、ペンダントの十字架の中に押し込めてしまいます。人知をはるかに超えたあなたの愛、その広さ、長さ、高さ、深さがどれほどであるかを理解する力を与えてください。愛がわかるにつれ、私のちっぽけな愛が気性を変え、人に仕えていけます。

2月24日

神はご自分が造ったすべてのものを見られた。見よ、それは非常に良かった。夕があり、朝があった。第六日。

［創世一・三一］

破壊され続けるこの世界を省みて、あなたの悲しみを思います。人の営み、生きること、食べること、愛することのすべてが、正しい秩序を待ち望んでいます。「非常に良かった」世界へと、回復されることを願います。私たち人間をあわれんでください。課題の大きさにたじろがず、次世代への責任として、とりなしの祈りが世界中に広がっていきますように。

2月25日

あなたがたの神、主は神の神、主の主、偉大で力があり、恐ろしい神。えこひいきをせず、賄賂《わいろ》を取らず、みなしごや、やもめのためにさばきを行い、寄留者を愛して、これに食物と衣服を与えられる。

［申命一〇・一七―一八］

主よ、弱い立場に置かれている人たちを思い祈ります。あなたは人を偏って見ず、自ら近づいて声をかけ、寄り添い、共に食しました。社会の中でますます見えにくくなっている彼らの姿を見ようとする心を増し加え、実際に出会わせてください。キリストに倣ってその人の思いを汲《く》みながら、私は傍らを歩き続けていきたい。

2月26日

私には、自分のしていることが分かりません。自分がしたいと願うことはせずに、むしろ自分が憎んでいることを行っているからです。

［ローマ七・一五］

得体の知れない力に、引き回されています。悪習慣から離れようと決意しても、同じことを繰り返して落ち込みます。自分でコントロールしようとすると、さらに愚かなことをしてしまいます。このようなダメな自分を、まず私自身が赦せるように助けてください。聖霊さま、罪の味を楽しむ誘惑から、私を解放してください。縄目をほどき、自由にしてください。

2月27日

あなたのみことばは　私の足のともしび／私の道の光です。

［詩篇一一九・一〇五］

冬空のように、私の心に日は差さず、暗い雲で塗り込められています。あれほどあなたを賛美し、喜んでいた私は、影も形もありません。考えようとしても思考がまとまらず、口を動かして祈るのもしんどいのです。それでも、私があなたのともしびを消さなければ、この暗闇の中で必ず希望を見つけ出せます。あなたのみことばは私の足のともしび、希望の光。出口はだんだん見えてきます。

2月28日

主のおしえは完全で／たましいを生き返らせ／主の証《あか》しは確かで／浅はかな者を賢くする。主の戒めは真っ直ぐで／人の心を喜ばせ／主の仰せは清らかで／人の目を明るくする。

［詩篇一九・七―八］

真理は私を自由にするとわかっていますが、時々、勝手に追い詰められます。あなたの基準を高く感じて、できないことに罪責感が募ります。しかし主よ、神の教えは知恵の泉、たましいを生き返らせるいのちの泉です。心の曇りを拭き取り、明るく喜びで満たす糧です。みおしえを通して、主をより深く味わうことを第一に、私は力を抜いて聖霊の助けによって行動していきます。

2月29日

全地よ　主に向かって喜びの声をあげよ。……感謝しつつ　主の門に／賛美しつつ　その大庭《おおにわ》に入れ。主に感謝し　御名《みな》をほめたたえよ。

［詩篇一〇〇・一、四］

私はあなたの大庭へ入ります。主の門を通り抜けます。あなたを賛美します。あなたを感謝します。御名をほめたたえます。両手を上げて、ほめたたえます。うつむいてしまう私の心に命じる、神を見上げ、ハレルヤと叫べ。あなたのいつくしみは深く、永遠のもの。神の臨在を今ここに、豊かに現してください。

3月
March

3月1日

あなたのパンを水の上に投げよ。ずっと後《のち》の日になって、あなたはそれを見出す。

［伝道者一一・一］

いのちのパンはこころのごはん。投げよと勧める「水の上」は、福音の種蒔《たねま》きには難しい場所かもしれませんが、主が愛してやまないたましいが大勢います。自尊心を失いかけ、身を切られるような孤独に希望まで失い、社会の不条理に溺れそうな人たち。彼らのために祈り始めます。出会わせてください。仕える場所を示してください。後の日に、彼らの笑顔を見ると信じます。

3月2日

それと同じように、一人の罪人《つみびと》が悔い改めるなら、神の御使《みつか》いたちの前には喜びがあるのです。

［ルカ一五・一〇］

神さま、私には願いがあります。生きる厳しさに打ちひしがれた人が、神のかたちを取り戻して、その人らしく生き直すお手伝いをさせてください。堂々巡りの心配から解き放たれると、人は自由の味を知り、笑顔を取り戻します。主を心にお迎えし、たましいが救われる瞬間の美しさは天の喜び。どうか出会うべき人に出会わせてください。主の愛を私は一人ひとりに手渡したい。

3月3日

あなたがたはイエス・キリストを見たことはないけれども愛しており、今見てはいないけれども信じており、ことばに尽くせない、栄えに満ちた喜びに躍《おど》っています。

［Iペテロ一・八］

主よ、あなたを喜ぶことは私の力です。見ないで信じる者は幸いだと、あなたは言います。顔と顔を合わせて親しく会える日を楽しみに、地上での使命を果たします。私の中に主が生きておられる喜びが、私を前に進ませます。今日なすべきことが難しく見えても、この喜びによって乗り越えさせてください。

3月4日

愛を追い求めなさい。

［Iコリント一四・一］

正しさよりも、愛を追い求めなさいと教えられました。その諭しを心に刻みます。私たちの教会というあなたの体も、キリストの愛を熱心に追い求めていく共同体へと変革してください。体の各器官である私たち一人ひとりが、まず神ご自身を追い求め、無条件の愛を体得し、お互いにその愛を用い、愛を表現していく人生でありますように。

3月5日

主を待ち望む者は新しく力を得、鷲《わし》のように、翼を広げて上《のぼ》ることができる。走っても力衰えず、歩いても疲れない。［イザヤ四〇・三一］

主よ、あなたの力が必要です。疲れています。気力、体力と限界です。疲れすぎた頭は休まらず、なかなか寝付けません。若い者も疲れ、たゆみ、つまずきます。けれども、主を待ち望む者は、全く新しい力を得ます。あなたの励ましを信じて、信仰の目を上げます。あなたの光を反映して、私の顔も輝きを取り戻します。

3月6日

あなたがたの中に苦しんでいる人がいれば、その人は祈りなさい。喜んでいる人がいれば、その人は賛美しなさい。

［ヤコブ五・一三］

神さま、私は今、苦しんでいます。気分が重く、うつっぽいのです。癒やされるためにあなたの御前《みまえ》に来ました。頭がうまく回らず、涙も出てきます。お前には信仰が足りないと責めるサタンの声にだまされたくありません。私の脳内を正常に働かせてください。思考が健やかに回復しますように。この祈りを通して、癒やしの油を豊かに注いでください。

3月7日

「道々お話しくださる間、私たちに聖書を説き明かしてくださる間、私たちの心は内で燃えていたではないか。」

［ルカ二四・三二］

思い込みにとらわれ、世間の価値観に流されることがあります。その弱さにサタンがつけ込んできます。聖書のことばによって霊的な覆いを取り除いてください。サタンのあざとさにだまされない確かな目を養ってください。あなたのことばを心の蔵から、いつでも取り出して戦えるほど私は成熟したい。

3月8日

恐れるな。わたしはあなたとともにいる。たじろぐな。わたしがあなたの神だから。わたしはあなたを強くし、あなたを助け、わたしの義の右の手で、あなたを守る。

［イザヤ四一・一〇］

人生をひとりで背負うと、あまりの重みに倒れるしかありません。不透明な先行きを考えれば、生きることは恐れでしかなくなります。このまま信仰を働かせなければ、不安は増すだけです。恐れるな。あなたの力強い声に耳を傾けます。主は私の手を強く握って守ってくださるおかた。みことばの約束を信じます。ざわざわする気持ちを締め出して、私は主と共に動き出します。

3月9日

たとえ、あなたがたの罪が緋《ひ》のように赤くても、雪のように白くなる。

［イザヤ一・一八］

主よ、私のどこかに棲《す》みついている罪が責め立てます。さばかれていると感じて辛《つら》いのです。相手の苦しみに距離を置いたこと。感謝を伝えられなかったこと。非難したこと。過去は変えられないのに、罪責感を覚えて苦しいのです。緋色をした罪でさえ、主は雪のように白くすると言います。十字架の愛を見上げて、赦《ゆる》しをいただきます。私を自由にしてください。

3月10日

鉄は鉄によって研《と》がれ、人はその友によって研がれる。［箴言二七・一七］

主よ、人間関係を祝福してください。ネガティブな感情の強い人、自分勝手な人を遠ざけてください。信頼し合い、祈り合える主にある友を感謝します。これからも彼らと良い関係を保ち、助け合いながら成長させてください。家族との関係の歪《ゆが》みを整え、尊重し合える人格の成熟を、一人ひとりに与えてください。これから出会う人たちとも、平和を築いていけるように導いてください。

3月11日

順境の日には幸いを味わい、逆境の日にはよく考えよ。

［伝道者七・一四］

生きていることが幸いで、愛がこぼれあふれるような時には、ただその幸せを主からの贈り物として喜びます。何もかもがうまくいかず、どこを辿《たど》っても行き止まりで途方に暮れる時は、足を止め、あなたに祈り、耳をすませます。心を開いてみことばからの気付きを待ちます。良い時も悪い時も、背後におられる神のほほえみを信じていきます。

3月12日

十分の一をことごとく、宝物倉《ほうもつぐら》に携えて来て、わたしの家の食物とせよ。こうしてわたしを試してみよ。——万軍の主は言われる——わたしがあなたがたのために天の窓を開き、あふれるばかりの祝福をあなたがたに注ぐかどうか。

［マラキ三・一〇］

捧《ささ》げる恵みだけ、神を試せと勧めます。あなたの太っ腹が大好きです。お金の煩いは人の弱さそのものです。心配すればするほど、お金にぎりぎり苦しめられます。少しずつ握った自分の手を開いて、神を信頼することを実地で教え込まれました。神は約束を守り養うおかた。天の窓を開いて与えるおかた。これまでも、これからも感謝します。

3月13日

わたしの民は二つの悪を行った。いのちの水の泉であるわたしを捨て、多くの水溜《みずた》めを自分たちのために掘ったのだ。水を溜めることのできない、壊れた水溜めを。

［エレミヤ二・一三］

あれもこれとも抱え込み、動き回っていた日々を思い出します。その時、私は壊れた水溜めを作っていたので、少しも水は溜まりませんでした。やがて、あなたに見出され、汲《く》んでも尽きぬいのちの泉をいただきました。今、静まって、あなたの水の音に耳をすませます。神の変わらない希望と平安が、泉から湧き出ています。聖霊さま、この聖《きよ》い水を注いで、私を満たしてください。

3月14日

乾いたパンが一切れあって平穏なのは、ごちそうと争いに満ちた家にまさる。

［箴言一七・一］

家族に神のあわれみを注いでください。家庭に愛の雰囲気が流れますように。共に囲む食卓を大切にして、笑顔と楽しい会話が交わされますように。不機嫌な表情や諍《いさか》いを遠ざけてください。困った時には助け合います。経済的な困難が来ても、祈りによって乗り越える信仰の家族へと、なお強めてください。

3月15日

さばいてはいけません。自分がさばかれないためです。［マタイ七・一］

神さま、今、叫び出したいほど悔しいです。人から受けた痛手をイエスさまの血潮で癒やしてください。あなたの愛が私の中で生きて働き、赦せないと言いたがる気持ちの渦を鎮めてください。人をさばくと、私も他の人にさばかれます。これは真理です。あなたにこの問題を手渡しますので、処分してください。信仰による自由を知る者として、相手の祝福をも毅然《きぜん》として祈ります。

3月16日

あなたがたが経験した試練はみな、人の知らないものではありません。神は真実な方です。あなたがたを耐えられない試練にあわせることはなさいません。むしろ、耐えられるように、試練とともに脱出の道も備えていてくださいます。

［Ⅰコリント一〇・一三］

自分には重すぎる問題ばかりです。なぜこのような場に置かれているのかわかりません。それでも、あなたは良いおかただと信頼します。必ず逃れの道はあり、すべてに意味があると信じます。耐えられないほどの試練はない。このことばを握りしめます。右にも左にもそれず、目の前の小径《こみち》を、一歩一歩進んでいきます。

3月17日

神は、どのような苦しみのときにも、私たちを慰めてくださいます。……私たちにキリストの苦難があふれているように、キリストによって私たちの慰めもあふれているからです。

［Ⅱコリント一・四―五］

人となって苦しみを味わい尽くしたあなたは、私の悩みもご存じです。主に慰められた私は、人を慰める器とされました。私の中で生きるキリストが、出会う人たちに寄り添ってくださいます。自信を持って仕えます。なぜなら、私はだめでも、主が大丈夫だから。あなたが祈るべきことばを教えてくださいます。不器用な振る舞いを、あなたが愛に昇華させてくださいます。

3月18日

あなたがたの思い煩いを、いっさい神にゆだねなさい。神があなたがたのことを心配してくださるからです。

［Ｉペテロ五・七］

ゆだねようとしても、捨てたはずの悩みのゴミ袋を、再び拾う自分がいます。蒔《ま》いた種だと思うと、助けを求めることに葛藤を覚えます。この馬鹿げた堂々巡りを手放して、幼子のようになります。自分ではお手上げです。神さま、どうぞ助けてください。心配してくださる優しいイエスさまに、いっさいを手渡します。思い煩いの代わりに、主の平安を与えてください。

3月19日

見よ、わたしは戸の外に立ってたたいている。だれでも、わたしの声を聞いて戸を開けるなら、わたしはその人のところに入って彼とともに食事をし、彼もわたしとともに食事をする。

［黙示録三・二〇］

忙しさに苛立《いらだ》っています。神さまのスペースが小さくなっています。気付いていながら無視していました。ごめんなさい。呼吸を整えて主をお迎えします。あなたは共に食してくださいます。あなたの導きに喜んで応じるべく、今、心を開きます。神のかたちのスペースが、私に再び吹き込まれます。

3月20日

彼らは自分たちの間で自分自身を量ったり、互いを比較し合ったりしていますが、愚かなことです。

［Ⅱコリント一〇・一二］

人に認められようとすると、自分を損ないます。私はあなたから、よくやった、良いしもべだと言われたいだけです。傷つくことを恐れて、考えない大人にはなりたくない。見かけだおしの信仰者にもなりたくない。どこを割っても愛なるキリストが出てくるような主の品性を帯びたキリスト者を目指します。

3月21日

私たちは肉にあって歩んではいても、肉に従って戦ってはいません。私たちの戦いの武器は肉のものではなく、神のために要塞を打ち倒す力があるものです。

［Ⅱコリント一〇・三―四］

慎重に祈って決めたことがうまく進みません。周囲とも気まずくなっています。私たちの闘いは目に見えない空中戦。サタンは不安をあおり、弱みに付け込みます。私は心の扉を固く守ります。敵に欺かれずに、状況を見極める力を与えてください。霊的な妨害は、かえって祝福の兆し。聖霊さま、戦いに勝利する油を注いでください。

3月22日

主はアブラムに言われた。「あなたは、あなたの土地、あなたの親族、あなたの父の家を離れて、わたしが示す地へ行きなさい。」……アブラムは、主が告げられたとおりに出て行った。

［創世一二・一―四］

先に進めという聖霊の促しを感じています。でも、慣れ親しんだ場所から出るのがおっくうです。立ち上がるしんどさを思うと、従えずにいます。七十五歳のアブラハムは、つべこべ言わず、神の声に一直線に従いました。行動のない信仰はいずれ後悔が残ります。神の命令は祝福への扉だと信頼して、信仰を持って踏み出すために、今、私に聖霊の力を注いでください。

3月23日

私はあなたの目に　悪であることを行いました。ですから　あなたが宣告するとき　あなたは正しく／さばくとき　あなたは清くあられます。

［詩篇五一・四］

王様のダビデは欲に負けました。私も欲に負けました。負けたことにも気付かない私は、ただ愚かでした。自分の気持ちに従っただけだと勝ち誇るほどの傲慢さでした。ダビデが罪の姿を見せられて悔い改めた姿勢に学びます。私も主に罪を犯しました。どうぞお赦しくださ い。ここからやり直していきます。

3月24日

今、心に留めなさい。主は聖所となる宮を建てるために、あなたを選ばれた。勇気を出して実行しなさい。

［I歴代二八・一〇］

私の人生で中断していることがあります。長い時間が過ぎる中、諦めかけていました。けれども、主は待っておられました。神にとって不可能なことは一つもありません。聖霊さまが私に新たな油を注ぎ、立ち上がる力を与えてくださいます。まず、傷ついた私の意思を癒やしてください。そうして、みことばに押し出されて行動に取りかかります。成し遂げるのは神の力です。

3月25日

イエスは彼に言われた。「わたしが道であり、真理であり、いのちなのです。わたしを通してでなければ、だれも父のみもとに行くことはできません。」

［ヨハネ一四・六］

自分の道がわからず、途方に暮れて泣いていた私を、見つけてくれてありがとうございます。主よ、あなたが道です。十字架を通って、愛なる神さまのいるところに、いつでも自由に出入りできます。みことばの真理を体験するたびに、真理が真理だと発見する人生は楽しい。救われたたましいを携えて、真っ直ぐ最後まで歩んでいきます。

3月26日

私は御前《みまえ》に自分の嘆きを注ぎ出し／私の苦しみを御前に言い表します。私の霊が私のうちで衰え果てたときにも／あなたは　私の道をよく知っておられます。

［詩篇一四二・二―三］

あなたは私の内に渦巻くものをよくご存じですが、少しも急かさず、私が告げるのを静かに待っていました。反抗期の子どもみたいに口を閉ざして気持ちを呑《の》み下しているうちに、私の骨はすっかり枯れました。作り笑いを浮かべていい人を演じるのは徒労に過ぎない愚かなこと。あなたに嘆きを注ぎ出し、苦しみも言い表します。私の霊はあなたとの交わりに飢えています。

3月27日

わたしの家は、あらゆる民の祈りの家と呼ばれる。［マルコ一一・一七］

あなたに祈ることが大好きです。でも、最近はお願いばかりで、主の家を強盗の巣にしていないでしょうか。どうぞ、内側を探り、祈りを聖《きよ》めてください。願望と主の思いを聞き分けられますように。聞かれない祈りを通して示されるみこころを、静かに思い巡らします。主よ、あなたの思いが私の思いとなり、一つとなって溶け合うまで。

3月28日

山に登り、木を運んで来て、宮を建てよ。そうすれば、わたしはそれを喜び、栄光を現す。［ハガイ一・八］

長い間、私たちは閉じこもっていました。変化を敬遠し、安全地帯を脅かされることを恐れていました。でも、あなたの願いは違います。生活にあくせくし、自分たちを守ろうとする狭い了見を砕いてください。傷つくのをいとわず、弱い立場の人々に寄り添う感受性を強めてください。私たちは隣人《となりびと》に仕える主の愛を実践します。

3月29日

あなたは心を尽くし、いのちを尽くし、力を尽くして、あなたの神、主を愛しなさい。私が今日あなたに命じるこれらのことばを心にとどめなさい。

〔申命六・五―六〕

心や力を尽くせという力強い勧めが胸に響きます。「今日」この時、あなたに近付いて、私の時間を捧げます。主を愛すると言いながら、自分のためにばかり生きていることをお赦しください。今静まって、自分自身を捧げ、あなたの声を聞きます。そうしてまた立ち上がって、主を愛するように隣人《となりびと》を大切にすると決意します。

3月30日

わたしは、高く聖なる所に住み、砕かれた人、へりくだった人とともに住む。へりくだった人たちの霊を生かし、砕かれた人たちの心を生かすためである。

［イザヤ五七・一五］

でも、だって、と私の口は言いたがります。ねばならないというこだわりを捨てたいです。プライドが邪魔をします。高ぶりを木っ端みじんに砕き、取り繕うことのない、素直に伸びるオリーブの若木のような心にしてください。地上に降《くだ》って人間と同じになり、十字架にまでかかってくださったイエスさま。あなたの謙遜な姿に自分を重ねていきます。

3月31日

全世界に出て行き、すべての造られた者に福音を宣《の》べ伝えなさい。
［マルコ一六・一五］

主よ、苦しく、寂しく、辛《つら》い時、駆け込む所があります。うめきながら祈ると、あなたは静かにドアを開けて招き入れ、時宜にかなったことばを教えてくれる。ワタシのたましいは「私」を取り戻して、人として生きるうれしさを知っています。全世界にこの喜びをお裾分けしたい。友人、家族、出会う人に伝えたい。ここから始めて、私はみんなのところへ出かけていきます。

column 1

ことば化のエクササイズ

分かち合いでも読書会でも、私は思いを「ことば化」するように勧めます。訥々《とつとつ》とでいい。ただ、あなた自身のことばを。

世代を問わず、面倒を避けようとする人が増えた実感があります。ことばを呑《の》み下し続けていると、やがて心の声は曖昧に。チャットでの表面的なやりとりには長《た》けても、深いところでのことば化を怠ると、自分の気持ちすらわからなくなりそうです。

自分のことばを取り戻すには、少し練習が必要です。薄手のノートを用意して、文字にしてみませんか。スマホも便利です。私はLINEでひとりグループを作り、気付いたことを書いて自分に送信しています。読書中、気に入った文に出会えば撮影して送信。いわばことばの貯金です。読み返して、再び気付きを書いた後、画像は削除します。電車の中などどこでもできます。

また、一日を振り返って3つの感謝を書くことには、否定的な思考のゴミを消す効果があるそうです。私は数年前から実践しています。ことばの貯金は熟成され、誰かにその光を手渡す時を待っています。

4月

April

4月1日

イエス・キリストは、昨日も今日も、とこしえに変わることがありません。
［ヘブル一三・八］

罪にうめく人間のために、十字架で命を捧《ささ》げ、父なる神との間に架け橋となってくださったイエスさま。人のいのちであり、光であるイエスさま。どの時代にも、変わらぬ愛で人と出会い、たましいを救うイエスさま。私とも真っさらに出会ってくださり感謝します。移り行く時代の中で、永遠に変わらない愛のおかた。百パーセント人となり、百パーセント神であるイエスさま。あなたが大好きです。

4月2日

それからパンを取り、感謝の祈りをささげた後これを裂き、弟子たちに与えて言われた。「これは、あなたがたのために与えられる、わたしのからだです。わたしを覚えて、これを行いなさい。」

［ルカ二二・一九］

キリストの心になれと言われても、私はわかっているのでしょうか。それでも、十字架に身を投げ出して私のために裂かれた主を思うと、その傷からアガペの愛が滴《したた》り落ち、私を包んで癒やし、感謝が満ちます。愛された者は愛します。あなたは人との関わりを通して愛を働かせなさいと教えます。主のいつくしみの目を持って周りの人たちに仕えていきます。

4月3日

誘惑に陥らないように、目を覚まして祈っていなさい。霊は燃えていても肉は弱いのです。

［マルコ一四・三八］

主よ、私たちもまた、イエスさまの苦難の側にいながら、目を覚ますことすらできません。信仰には待つことが多いです。待つためには、あなたをもっと信頼する心が必要です。祈り続ける忍耐が全然足りません。聖霊さま、目を覚ましてあなたに祈りを注いでいけるようにどうぞ助けてください。

4月4日

傷んだ葦《あし》を折ることもなく、くすぶる灯芯を消すこともなく、真実をもってさばきを執《と》り行う。衰えず、くじけることなく、ついには地にさばきを確立する。島々もそのおしえを待ち望む。

［イザヤ四二・三―四］

イエスさまは、群衆から罵られ、侮られ、十字架にかけられてもくじけませんでした。どん底までの弱さを味わった主は、私の弱さを誰よりも理解してくれます。人は神を失いました。その罪の身代わりの死という徹底した低みから、主は復活され、全人類のために神との架け橋となり、救いを成就されました。十字架の愛は、あらゆる弱さを拭う勝利の力です。

4月5日

信仰は、望んでいることを保証し、目に見えないものを確信させるものです。
［ヘブル一一・一］

大切なことは目に見えません。あなたを見なくても、ただ信仰によって、自分が深く愛されていると知っています。十字架上で私の罪のために身代わりになってくださったイエスさまの愛、たましいの救い、永遠のいのち。その確かさを思い巡らして、主の臨在を味わいます。いつもこの初めの愛に戻ります。幼子のように、今日も私はキリストの愛にくるまれて平安の中を憩います。

4月6日

わたしは心が柔和でへりくだっているから、あなたがたもわたしのくびきを負って、わたしから学びなさい。そうすれば、たましいに安らぎを得ます。

［マタイ一一・二九］

究極のへりくだりとは、十字架にかかることです。それはあなたの強い意思。復活の希望へと続く勝利への道筋。私も信仰の意志を強く持って、あなたから学びます。学べば学ぶほど、こびりついたとらわれから解放され、本当の自分を取り戻し、たましいの安らぎと自由を得るのだから。

4月7日

十字架のことばは、滅びる者たちには愚かであっても、救われる私たちには神の力です。

［Ⅰコリント一・一八］

私は福音を恥としません。キリスト者としてこの国で胸を張って生きていきます。イエスさまは涙を流して祈り、十字架の苦しみを受けました。その死は私のためだと、もっと実感させてください。三日目に復活された勝利の力は、私の力。そのことも、はっきりとわからせてください。霊の目が開かれるように祈ります。

4月8日

イエスは彼女に言われた。「わたしはよみがえりです。いのちです。わたしを信じる者は死んでも生きるのです。」　［ヨハネ一一・二五］

自分に死ぬと、私は生きます。古いワタシは、たましいの救いを得て、もう死んでいます。キリストにある新しい私として、生きることを選びます。一粒の麦の道を歩みます。自分の欲の奴隷である時代は終わりました。肉体ゆえに弱さはついてまわりますが、古い人が出てくるたびに、あなたの十字架に引き渡します。イエスのように与える生き方を選び続けます。

4月9日

主はみことばを与えてくださる。良き知らせを告げる女たちは大きな群れ。

［詩篇六八・一一］

主と共に歩んだ女性たちは、十字架から逃げ出さず、復活の墓へと真っ先に向かいました。神は女性をしなやかな器として創造されました。女性であるだけでまだ困難の多い社会ですが、私たちにはみことばがあります。あなたの視点は、勇気と澄んだ目を与えます。世界中の仲間と心を合わせ、弱い立場に置かれたり、苦難の中にある女性たちの救いと回復、主の祝福を祈ります。

4月10日

だから、どのように受け、聞いたのか思い起こし、それを守り、悔い改めなさい。
［黙示録三・三］

自分の思いを先立てて、失敗しました。情けなさでいっぱいです。助けを求めるには勇気が必要です。ユダのようにプライドが私を引き止めます。だからこそ、復活の朝、あなたのお墓に駆け寄ったペテロの姿に自分を重ねます。主よ、あなたを後ろにしてごめんなさい。復活の主が、私にも出会ってくださると信じます。あなたは赦《ゆる》しの神、どうか私を助けてください。

4月11日

なぜなら、もしあなたの口でイエスを主と告白し、あなたの心で神はイエスを死者の中からよみがえらせたと信じるなら、あなたは救われるからです。

［ローマ一〇・九］

あなたを信じきれずにいたけれど、信じたいとは思いました。だから、この約束を、迷いながらも試してみました。自分の中心軸がわからず、迷い、傷つき、気持ちを持て余していたあの時、神さまは救いの道を開いてくださいました。あなたのよみがえり、復活は、日々を生き抜く勝利の証《あか》し。主は今、生きておられます。

4月12日

しかし私には、私たちの主イエス・キリストの十字架以外に誇りとするものが、決してあってはなりません。この十字架につけられて、世は私に対して死に、私も世に対して死にました。

［ガラテヤ六・一四］

私の心のいちばん良いところに、あなたを今、改めてお迎えします。十字架の愛だけが、私を動かす源です。私のために流された主の血の痛みを思います。罵られても言い返さなかった主よ、あなただけを誇りとします。罪ある私は、放っておくと自己中心となり、人をさばきます。私が死んで、主が生きることが願いです。私の中のイエスさま、ますます大きくなってください。

4月13日

私たちは愛しています。神がまず私たちを愛してくださったからです。

［Ⅰヨハネ四・一九］

十字架で身代わりになってくださったイエスさま。あなたは自ら死ぬことで、アガペの愛を見せてくださいました。好き嫌いに左右される人の愛とは違い、身を削って与える限界のない愛です。そのいつくしみの心を味わいます。愛された者は愛します。愛は人から人へと巡ります。いただいた愛を働かせて、隣人《となりびと》に贈り、私もひとりの小さなキリストになれますように。

4月14日

平和の神ご自身が、あなたがたを完全に聖なるものとしてくださいますように。あなたがたの霊、たましい、からだのすべてが、私たちの主イエス・キリストの来臨《らいりん》のときに、責められるところのないものとして保たれていますように。

［Ⅰテサロニケ五・二三］

私は主に倣います。イエスのように考え、相手に共感し、慈愛による行動へ移せることが願いです。私の中を生きる主の愛が輝いて、相手を照らし、ひたすら主に栄光が帰されますように。平和の神ご自身が、私を全く聖なるものとしてくださることを祈り求めます。

4月15日

しかし、助け主、すなわち、父がわたしの名によってお遣わしになる聖霊は、あなたがたにすべてのことを教え、わたしがあなたがたに話したすべてのことを思い起こさせてくださいます。〔ヨハネ一四・二六〕

聖霊さま、あなたは私の助け主、人生の伴走者です。いつも見守り、助けてくださりありがとうございます。困った時には、みことばによって神の知恵を思い起こさせてください。話すべき時には、ふさわしいことばと態度を与えてください。いつでもあなたが私の先を立って、最善へと導いてください。今よりもっと、聖霊さまを人格的に知り、深く親しくなれることを願い求めます。

4月16日

あなたがたの敵を愛しなさい。あなたがたを憎む者たちに善を行いなさい。あなたがたを呪う者たちを祝福しなさい。あなたがたを侮辱する者たちのために祈りなさい。

［ルカ六・二七―二八］

言われたことばが心に刺さり、痛いのです。その矢を抜いてください。あなたの十字架の血潮を塗って、傷跡をすみやかに癒やしてください。矢を放った人を赦します。侮辱や失礼な言動に耳を貸しません。相手をさばかないと宣言します。「わたしに免じて赦してくれまいか」とささやくイエスさまの優しい声を聞いて、むしろ彼らのためにとりなして祈ります。

4月17日

キリストは……人としての姿をもって現れ、自らを低くして、死にまで、それも十字架の死にまで従われました。

［ピリピ二・六―八］

弱い人も、強い人も、みんな自分のことばかり。静かな人も、声の大きい人も、自分のことばかり。十字架で死なれたあなたの愛を知らないと、どんどん的が外れていく。優しくしたくてもうまくいかず、思いやりは思い込みに過ぎず、気持ちは結局、届かない。だからいつもあなたに学びます。神でありながら人と等しくなられ、ご自分を無にされ、仕えた主の姿から教わります。

4月18日

荒野《あらの》と砂漠は喜び、荒れ地は喜び躍《おど》り、サフランのように花を咲かせる。盛んに花を咲かせ、歓喜して歌う。これに、レバノンの栄光と、カルメルやシャロンの威光が授けられるので、彼らは主の栄光、私たちの神の威光を見る。

［イザヤ三五・一―二］

今、私は荒地と砂漠にいます。神がどこにおられるのかわからないほど荒《すさ》んでいます。人を汚《けが》すうわさが垂れ流され、吐き気がします。主よ、あなたが私を置かれた場所です。とりなしの祈り手として遣わされたならば、祈りの霊を注ぎ、上からの力で覆ってください。荒野には花が咲き、喜びがあふれると、この先取りの信仰を持って、神の栄光を見ると信じて仕えます。

4月19日

ですから、神に従い、悪魔に対抗しなさい。そうすれば、悪魔はあなたがたから逃げ去ります。神に近づきなさい。そうすれば、神はあなたがたに近づいてくださいます。

［ヤコブ四・七―八］

主よ、信仰が弱まっています。なんとなくぼんやりしています。口に出して祈るのがおっくうで、みことばを読んでも心に留まりません。このまま惑わされたいような、割れ目に落ちたいような気持ちすらあります。今、私を助けてください。神に近付くものに、神は近付いてくださいます。サタンよ、逃げ去れ。私の心に命じる。目を覚ませ、私は光の子。私はあなたに駆け寄ります。

4月20日

主は答えられた。「マルタ、マルタ、あなたはいろいろなことを思い煩って、心を乱しています。しかし、必要なことは一つだけです。マリアはその良いほうを選びました。それが彼女から取り上げられることはありません。」

［ルカ一〇・四一―四二］

主よ、日々をこなすのに忙しく、マルタのように気持ちが乱れています。聖霊さま、優先順位を賢くつけられるように助けてください。マリアは、主の前に膝をつき、すべてを手放して祈り、聖書に聞きました。私も主と直《じか》に交わる時間を、まず選びたい。どうか、混乱したこの暮らしを、今この時から整えてください。

4月21日

何も思い煩わないで、あらゆる場合に、感謝をもってささげる祈りと願いによって、あなたがたの願い事を神に知っていただきなさい。

［ピリピ四・六］

神さま、人に気持ちがとられて、今日はあなたに集中できませんでした。聖書を読んでも、祈っても、さざ波が押し寄せてきて上の空でした。あなたに心を寄せられなかったことをお赦しください。自分でも理解できないこのざわつきを、そのまま主にお渡しします。今、この一日を振り返り、感謝をもって祈ります。明日は主の平安によって、あなたと親しく歩めるように助けてください。

4月22日

主は心の打ち砕かれた者を癒やし／彼らの傷を包まれる。

［詩篇一四七・三］

自分を好きになれず、人の輪にいると惨めになることがあります。でも、私を高価で尊いと励まし続ける主に愛されて、目からウロコが落ちました。イエスさまが私の内に生きておられることを受け入れます。人と比べません。新しい自分を歓迎します。傷ついた思いと記憶のすべてを癒やしてください。生きていてよかったと思える人生がもう始まっていると信じます。

4月23日

よく相談しなければ、計画は倒れる。多くの助言者によって、それは成功する。

［箴言一五・二二］

今、迷っています。みこころを求めて祈っています。あなたにありのまま、自分の悩みを打ち明けたいのに、うまくことばになりません。人に相談したくても、恥ずかしさと恐れがあります。それでも、よく相談しなさい、というみことばに押し出されて、神と人に話してみたい。聖霊さま、適切な相談相手を教えてください。さらに、主にも心を注げるように働いてください。

4月24日

まことに、主はシオンを慰め、そのすべての廃墟《はいきょ》を慰めて、その荒野《あらの》をエデンのようにし、その砂漠を主の園《その》のようにする。そこには楽しみと喜びがあり、感謝と歌声がある。

［イザヤ五一・三］

人生の破れは、生きる痛みです。でも、古いものが壊れた時は、新しい始まり。今がその時です。先延ばしにしていた問題に光が当たっています。古い物置の扉を開け、正面から向き合いなさいと、あなたの促しを感じます。主は廃墟を慰める方。荒野を潤し、感謝と喜びの場にされます。私はその約束を信頼して手足を動かし、一つずつ瓦礫《がれき》を取り除いていきます。

4月25日

私たちはキリストにあずかる者となっているのです。もし最初の確信を終わりまでしっかり保ちさえすれば、です。

［ヘブル三・一四］

主よ、あなたはどの時代にあっても変わらないおかたです。移り過ぎゆくのは、私であり人間です。人は最後には朽ちます。そのような限りあるものに依存せず、イエスさまに私の全存在を預けます。救われて、生きる目的を知ったあの日の感動を心に刻み、初めの愛の確信を持ち続けます。この地上でも、最後まであなたにしがみついて走り抜けさせてください。

4月26日

いなご、あるいは、バッタ、その若虫、噛《か》みいなご、わたしがあなたがたの間に送った大軍勢が食い尽くした年々《としどし》に対して、わたしはあなたがたに償う。あなたがたは食べて満ち足り、あなたがたの神、主の名をほめたたえる。

［ヨエル二・二五―二六］

貴重な歳月を食い尽くされて、私は痛手を負って力を失いました。長い間、その傷から辛《つら》い記憶の血がどくどく流れ、苦しみ続けました。その傷は、主が十字架で流された真っ赤な血。主の血が私を癒やします。あなたの肉体の裂け目から光が差し込んだ日、「私」が終わり、「あなた」が始まります。私を生かすのは、主のいのち。神が備えた人生を、賛美しながら歩いていきます。

4月27日

これらのことが書かれたのは、イエスが神の子キリストであることを、あなたがたが信じるためであり、また信じて、イエスの名によっていのちを得るためである。

［ヨハネ二〇・三一］

いのちの書である聖書が、今を生きる私に語ります。神のことばはいのちと信仰を与えます。そこには、イエスの十字架の愛と御名《みな》の力があります。聖霊さまの助けによって、深く、健やかに聖書を理解し、いつでも私への語りかけとして、新鮮な発見をもって読めるように助けてください。

4月28日

神に信頼し　私は何も恐れません。人が私に何をなし得るでしょう。

［詩篇五六・一一］

主よ、いつの間にか、私はすっかり罠《わな》にかかっていました。恐れの縄で縛られて、平安を失くしました。思考は狭まり、外に出るのが怖く、人と関わることすら困難でした。それなのに、偽りの表情を取り繕って、嘘《うそ》の多い毎日でした。人からかけられたこの呪いの綱を、イエスの御名《みな》の権威によって断ち切ってください。私は主を信頼します。あなたの内にある自由を宣言します。

4月29日

箱を担ぐ者たちがヨルダン川まで来たとき、ヨルダン川は刈り入れの期間中で、どこの川岸にも水があふれていた。ところが、箱を担ぐ祭司たちの足が水際の水に浸ると、川上から流れ下る水が立ち止まった。

［ヨシュア三・一五－一六］

一歩を踏み出す時、あなたは道を開いてくださいます。私は勇気を持って、大胆に、目の前の川を渡りたい。私の行く先々で、あなたの扉を開き、導いてください。信仰を持って行動を起こします。歩み進む道筋のすべてを通して、神は確かに良いおかただと、私を証《あか》しする者にしてください。臆病と意気地なしの霊よ、私から離れなさい。

4月30日

主は私の羊飼い。私は乏しいことがありません。主は私を緑の牧場《まきば》に伏させ／いこいのみぎわに伴われます。主は私のたましいを生き返らせ／御名《みな》のゆえに　私を義の道に導かれます。たとえ　死の陰の谷を歩むとしても／私はわざわいを恐れません。あなたが　ともにおられますから。

［詩篇二三・一―四］

主は私の羊飼いです。私は乏しくありません。たとえしぼんでしまっても、私のたましいを生き返らせてくださいます。あなたは聖霊の力を注いでくださいます。これからもあなたと共に歩みます。あなたは後ろからも見守り、掌《てのひら》で抱えて支えてくださいます。追ってくる豊かないつくしみと恵みを楽しみに、今日も軽やかに歩いていきます。

5月
May

5月1日

主のおしえを喜びとし／昼も夜も　そのおしえを口ずさむ人。その人は／流れのほとりに植えられた木。時が来ると実を結び／その葉は枯れず／そのなすことはすべて栄える。

［詩篇一・二―三］

主よ、あなたの教えは喜びです。よく覚えて心の蔵に蓄えます。いつでも取り出せるように整えてください。あなたのみことばは私の精神を健やかにします。時が来ると主の光は、葉を青々と茂らせます。花が咲き、実りの季節には多くの収穫がある。みことばの種が秘めるこの祝福を、これまでもこれからも感謝します。

5月2日

あなたが祈るときは、家の奥の自分の部屋に入りなさい。そして戸を閉めて、隠れたところにおられるあなたの父に祈りなさい。そうすれば、隠れたところで見ておられるあなたの父が、あなたに報いてくださいます。

［マタイ六・六］

歩いていても、料理をしていても、どんな時でもあなたと祈れます。でも、最近「ながら」祈りが多くてごめんなさい。祈りの時間はおまけではなくて、最初から取り分けて捧《ささ》げるもの。今、ひとりになってあなたに会いに来ました。何でも聞いてくださる主よ、睦まじい時間を楽しみに座っています。慕い求めて祈ります。主よ、お語りください。しもべは聞いております。

5月3日

この方以外には、だれによっても救いはありません。天の下でこの御名《みな》のほかに、私たちが救われるべき名は人間に与えられていないからです。

［使徒四・一二］

信じることを恐れ、白黒つけると厭《いと》われる土壌の中、悲惨な歴史、戦争の放棄、命をかけた生き方と、すべてが曖昧にされ、水に流されていきます。この国をあわれみ、霊的な覆いを取り除いてください。諦めが染みついた大人たちの頭の中が小さく小さく縮んでいます。イエスの御名のほかに、救われるべき名は人に与えられていません。己のたましいの渇きに目が開かれますように。

5月4日

子どもたち。私たちは、ことばや口先だけではなく、行いと真実をもって愛しましょう。

［Ⅰヨハネ三・一八］

「祈っています」と言われても、挨拶に過ぎないと感じることがあります。私も祈りを頼まれて、同じようになる時があります。「愛」と「祈り」を口先だけで済ませたり、互いに軽いコトバにならないように守ってください。愛はイエスさまのように身を削ること。心で思っているだけの消極的な信仰から、自ら進んで捧げる信仰へと大きく転換させてください。

5月5日

見よ。彼の心はうぬぼれていて直《す》ぐでない。しかし、正しい人はその信仰によって生きる。［ハバクク二・四］

ずる賢い人に翻弄されました。甘いことばを重ねられ、私の心は揺れました。この人は強い語調で人をコントロールして周りを取り込み、疑心暗鬼が広がっています。主よ、あのような悪を、なぜ見過ごしておられるのでしょうか。あなたの沈黙が辛《つら》いのです。しかし、正しい人は信仰によって生きます。私の信仰を強めてください。神の時を信頼して待ちます。

5月6日

私は主にあって喜び躍り、わが救いの神にあって楽しもう。
［ハバクク三・一八］

目の前の状況に落胆しています。なすすべがありません。失望の塊が喉に詰まり窒息しそうです。だからこそ、私はこれを主の訓練だと理解します。あなたは良いおかた。信仰とは神の時を待つこと。預言者のハバククは、神を見くびった不信仰の時代に、あなたにだけ心を据えました。私もあなたを喜び、賛美します。信仰は力。義人は信仰によって生きます。

5月7日

何よりもまず、互いに熱心に愛し合いなさい。愛は多くの罪をおおうからです。

［Ⅰペテロ四・八］

助け主なる聖霊さま、たとえ相手の弱さに気付いても、さばきの思いにつなげず、あなたの目線を失わないように助けてください。困難な状況にもゆとりを与え、相手を尊重する行動を選ばせてください。理解し合えない時には共に祈り、主を見上げ、大切にし合えますように。神の愛を味わう喜びを通して一致を与えてください。

5月8日

信仰の創始者であり完成者であるイエスから、目を離さないでいなさい。この方は、ご自分の前に置かれた喜びのために、辱《はずかし》めをものともせずに十字架を忍び、神の御座《みざ》の右に着座されたのです。

［ヘブル一二・二］

イエスさまから目を離したとたん、私はぶくぶくと沈みます。いちばん大切なこととして、あなたから目を離すな、と諭してくださり感謝します。十字架の苦しみを耐え忍んだのは私のため。私が癒やされ、救われることを喜びとしてくださり感謝します。心が暴れようと、私の心の目はあなたを慕い求め、いつでも主を見つめます。

5月9日

人の子よ。これらの者たちは自分たちの偶像を心の中に秘め、自分たちを不義に引き込むものを、顔の前に置いている。わたしは、どうして彼らに応じられるだろうか。

［エゼキエル一四・三］

心の奥に偶像が秘められていないかと、主は問います。思いがとらわれ、傾いているものを、主はよくご存じです。私から言い出して、悔い改めるまで待っていてくださりありがとうございます。あなたは赦《ゆる》しの神です。私はきれいになって、あなたと親しく歩みたい。もう一度よく、私の内を隅々まで探ってください。

5月10日

それから、群衆を弟子たちと一緒に呼び寄せて、彼らに言われた。「だれでもわたしに従って来たければ、自分を捨て、自分の十字架を負って、わたしに従って来なさい。自分のいのちを救おうと思う者はそれを失い、わたしと福音のためにいのちを失う者は、それを救うのです。」

［マルコ八・三四―三五］

救いは喜びで始まりました。やがて、自分の十字架を背負えと言われた私は、犠牲の大きさに後退《あとずさ》り、自分を惜しむ気持ちでいっぱいでした。あなたに己を差し出せるまで、主は黙って待っていました。主に背負われている私は安心で、喜びが動機となりました。あちこちからたましいのうめきが聞こえます。私はこの道を進みます。

5月11日

わたしはあなたがたに平安を残します。わたしの平安を与えます。わたしは、世が与えるのと同じようには与えません。あなたがたは心を騒がせてはなりません。ひるんではなりません。　［ヨハネ一四・二七］

主よ、不安でたまりません。地面の割れ目に挟まれて、地の底に落ちていくような心境です。苦しい、苦しい。もがいています。主の平安は人が与えるものと同じではないと、聖書は言います。私は主の平安を受け取ります。深く吸い、ゆっくりと息をします。私自身をあなたに預けます。私の心は落ち着き、神の平安と結びつけられます。

5月12日

イエスはガリラヤ全域を巡って会堂で教え、御国《みくに》の福音を宣《の》べ伝え、民の中のあらゆる病、あらゆるわずらいを癒やされた。［マタイ四・二三］

イエスさま、あなたは癒やし主です。民を癒やしたように、私も健やかにしてください。体調不良に悩まされています。頭が痛く、体は重く、疲れが取れません。原因がわからず、心も晴れません。私の娘よ、と言ってくださる主よ。あなたの御手《みて》を私に置き、このわずらいを引き受け、癒やしてください。イエスさまの御名《みな》には力があります。

5月13日

どうか、あなたのしもべの願いと、あなたの民イスラエルの願いに御《お》目《め》を開き、彼らがあなたを呼び求めるとき、いつもその願いを聞き入れてください。

［Ⅰ列王八・五二］

あなたは外側ではなく心を見られます。どうか私たちの祈りが真実であり、主を賛美する思いが真心からであるように聖《きよ》めてください。小さな群れが縮こまらず、神の勇気をいただいて、信仰によって実行する聖霊の力を与えてください。あなたは昼も夜も、その御目を開いて叫びを聞いてくださる方です。私たちは大胆に慕い求め、自ら神さまに近づいていきます。

5月14日

私は苦しみの中で主を呼び求め／わが神に叫び求めた。主はその宮で私の声を聞かれ／御前《みまえ》への叫びは　御耳《おんみみ》に届いた。〔詩篇一八・六〕

小さなことばの行き違いから、相手に誤解されました。自分で始末をつけようと焦り、説得することばを考えては堂々巡りです。ダビデがサウルにしつこく命を狙われた時、自分の思いを先立てず、あなたに助けを求めました。私も倣って、神に助けを求めます。助けてくださ い。平安を与えてください。この切なる祈りが、あなたに届きますように。アーメン。

5月15日

神が造られたものはすべて良いもので、感謝して受けるとき、捨てるべきものは何もありません。

［Ⅰテモテ四・四］

神さま、相手の顔すら見たくありません。いなければいいとさえ思います。しかし、神の造られたものはすべて良いものだとあなたは言います。まず、神さまを賛美し、感謝します。あなたは良いおかたです。聖霊さま、私の内側を刷新し、寛容を増し加えてください。相手との関係性の間には、イエスさまの和解の十字架が立っています。

5月16日

何事も利己的な思いや虚栄からするのではなく、へりくだって、互いに人を自分よりすぐれた者と思いなさい。

［ピリピ二・三］

私が出会う人は、みんなあなたの大切な人。無駄な出会いはありません。威張っていても、ぶしつけでも、みんなあなたに愛されている人です。人は人として生まれただけで寂しさを背負っています。好き嫌いを脇に置いて、主のいつくしみの心でよく見ます。嫌なことはイヤだと言うけれど、自分の口を拭って、思いやりのあることばをかけていきます。

5月17日

神を愛する人たち、すなわち、神のご計画にしたがって召された人たちのためには、すべてのことがともに働いて益となることを、私たちは知っています。

〔ローマ八・二八〕

この試練がどう益となるのかわかりません。でも、あなたは、神を信頼する者には、すべてを働かせて最善に導くと約束しています。つぶやきを後ろにぶん投げて、信仰によってこの約束を受け取ります。希望を失いません。勇気を持ってあなたと共に歩み続けます。光のある場所へと抜け出せると信じます。どうぞ、全力で助けてください。

5月18日

この方は真理の御霊《みたま》です。……この方はあなたがたとともにおられ、また、あなたがたのうちにおられるようになるのです。わたしは、あなたがたを捨てて孤児にはしません。

［ヨハネ一四・一七―一八］

イエスさま、あなたを信じた時から、最強の伴走者を送ってくださりありがとうございます。どんなに辛《つら》い時でも、聖霊さまが励ましてくださるので、私はひとりぼっちではありません。共に悲しみ、必要ならば悔い改めへと導いて、私をきれいにしてくれます。イエスさまも私を、絶対に見捨てません。聖霊さま、これからもよろしくお願いします。

5月19日

すると皆が聖霊に満たされ、御霊《みたま》が語らせるままに、他国のいろいろなことばで話し始めた。

［使徒二・四］

主よ、あなたは約束のものを待ちなさいと言われました。信じて祈る弟子たちには聖霊が降《くだ》り、力ある信仰者に変わりました。私にも同じ御霊がすでに与えられています。もっと聖霊で満たしてください。知的な制限を加えずに良いものはすべていただきます。あなたのことばを語らせてください。恐れは消え去り、信仰による勇気と大胆さがみなぎり、私は立ち上がります。

5月20日

こうして、教会はユダヤ、ガリラヤ、サマリアの全地にわたり築き上げられて平安を得た。主を恐れ、聖霊に励まされて前進し続け、信者の数が増えていった。

［使徒九・三一］

聖霊に満たされた喜びは福音の推進力です。教会は迫害されながらも、不思議なように前進を続け、人々が救われました。キリストのからだなる教会は、今も生きています。使徒の働きの時代から変わることのない聖霊さま、日本の教会や小さな群れを、今もあなたは前進させてくださいます。聖霊に励まされて平安を保ち、私たちは主を畏《おそ》れかしこみ、約束どおり増え広がります。

5月21日

私が黙っていたとき　私の骨は疲れきり／私は一日中うめきました。……私は言いました。「私の背きを主に告白しよう」と。すると　あなたは私の罪のとがめを／赦してくださいました。

［詩篇三二・三、五］

過去の出来事が私の良心を責め立てます。罪責感で押し潰されそうです。蓋をしてきた記憶を思い起こして、ことばにするのが怖いのです。でも、もう限界です。このまま逃げていると、私の骨が枯れ果てます。あわれんでください。私の罪を赦し、重荷を取り去ってください。光の子どもらしく身軽になって、やり直したい。助けてください。

5月22日

いつも主にあって喜びなさい。もう一度言います。喜びなさい。

［ピリピ四・四］

時々、口の中に不安という苦味が広がります。引き金となる過去を無理に忘れようとはせずに認めます。主よ、私の時間軸は「今、この時」です。あなたを喜ぶ時、生きる気力に満たされます。朝目覚めて、主を「ハレルヤ」と喜び、日々の小さな喜びを見逃さず、夜、あなたの恵みを振り返って喜びます。もう一度、私のたましいに言います。喜びなさい。

5月23日

貧しい人に良い知らせを伝えるため、心の傷ついた者を癒やすため、**主**はわたしに油を注ぎ、わたしを遣わされた。……シオンの嘆き悲しむ者たちに、灰の代わりに頭の飾りを、嘆きの代わりに喜びの油を、憂いの心の代わりに賛美の外套《がいとう》を着《つ》けさせるために。彼らは、義の樫《かし》の木、栄光を現す、**主**の植木と呼ばれる。

［イザヤ六一・一、三］

あなたこそ真の癒やし主です。二度と笑えないと思っていた私に、主は愛を注ぎ、慰め、傷を拭ってくださいました。すべては新しくなったという宣言によって、無邪気な子どもみたいに跳ね回りました。苦しみの場所は十字架に出会う恵みの座。祈られた者は人のために祈り、癒やされた者は恵みを証《あか》しします。

5月24日

あなたがたのことばが、いつも親切で、塩味の効いたものであるようにしなさい。そうすれば、一人ひとりにどのように答えたらよいかが分かります。

［コロサイ四・六］

人と関わる時に、適切なことばを心の蔵から出せるように整えてください。思いやりのあることばを、誰に対しても等しく用いるゆとりを与えてください。人におもねる甘みではなく、ことばの持ち味を引き立てる塩梅《あんばい》と、あなたの知恵を増し加えてください。どんな場面でも、聖霊の働きによって、時宜《じぎ》にかなったことばを発したい。

5月25日

「これは、ゼルバベルへの主のことばだ。『権力によらず、能力によらず、わたしの霊によって』と万軍の主は言われる。」〔ゼカリヤ四・六〕

できない、でも、だって、とつぶやきたくなります。知識もスキルも不足しています。ネットからは山ほどの情報があふれ、追い詰められてひたすら焦ります。今が取りかかる時だとはわかっています。先延ばしにして逃げたがる私のたましいに命じる。「権力によらず、能力によらず、わたし（神）の霊によって」。私にはできなくとも、主に不可能はありません。

5月26日

わたしの目には、あなたは高価で尊《たっと》い。わたしはあなたを愛している。
［イザヤ四三・四］

私はあなたの目で自分を見ます。人がどう見ようと関係ない。人の評価は関係ありません。あなたは私を高価だと言ってくださいます。あなたは私を尊いと言ってくださいます。自分を人と比べません。なぜなら、私は青い空のように度量の大きなあなたに、心から愛されているからです。

5月27日

人の子は、失われた者を捜して救うために来たのです。

［ルカ一九・一〇］

神さまを知らず、私は失われていました。大丈夫なふりをする仮面の下では、ざわつき、生きることに必死でした。行き先のわからない小舟さながら揺れ動く私を見つめて、あなたがどれだけ胸を痛めていたのかを知りました。迷子の羊一匹と同じように、諦めずに捜し出してくださり感謝します。私の軸は、イエス・キリストに定まりました。もうよろめきません。

5月28日

あなたがたは私に悪を謀《はか》りましたが、神はそれを、良いことのための計らいとしてくださいました。それは今日のように、多くの人が生かされるためだったのです。

［創世五〇・二〇］

ヨセフのストーリー、裏切られても彼は恨まず、かえって神への信頼を強めていきました。私の人生にも、なぜどうしてと思うことはたくさんあります。それでも、あなたのようにロングショットで見てみると、全体がつながって神の思いに気付いていく。神の摂理を生きる幸いは私のストーリーです。

5月29日

実に、私たちは神の作品であって、良い行いをするためにキリスト・イエスにあって造られたのです。神は、私たちが良い行いに歩むように、その良い行いをあらかじめ備えてくださいました。

［エペソ二・一〇］

自分が神の良い作品としてこの世に生み出されたとは、考えもしませんでした。自分を軽んじてきたことをお赦しください。今、キリストという新しい人を着て、新しい人生を積み上げていきます。主を思う時、みむねにかなった行いをしたいという情熱が湧いてきます。何をしたらいいのか、遠ざけるべきかを教えてください。最高の備えが、私の人生にすでにあることに感謝します。

5月30日

イエスは三度もペテロに、「ヨハネの子シモン。あなたはわたしを愛していますか」と言われた。

［ヨハネ二一・一七］

主よ、私はまた失敗しました。愛すのではなくさばきました。信仰よりも感情が先走り、言わなくていいことを口にしました。何度やらかせば懲りるのかと、変わらない自分が恥ずかしく、ペテロの涙がちょっぴりわかります。それでも主は、私を責めず、見限ることもなく、主を愛するかと問います。だから私も顔を上げて答えます。はい、私はあなたを愛します。

5月31日

愛は寛容であり、愛は親切です。……すべてを耐え、すべてを信じ、すべてを望み、すべてを忍びます。愛は決して絶えることがありません。

［Ｉコリント一三・四、七―八］

あなたの愛はしなやかです。すべてを忍び、色褪《いろあ》せることも、衰えることもありません。誰をも等しく扱い、相手の最善を心底願います。あなたにつながる者として、その愛をいつでも百パーセント働かせたい。私が小さくなり、内なる人が大きくなってください。愛の泉が、周りへあふれ流れていきますように。

6月
June

6月1日

イエスは言われた。「わたしがいのちのパンです。わたしのもとに来る者は決して飢えることがなく、わたしを信じる者はどんなときにも、決して渇くことがありません。」

［ヨハネ六・三五］

イエスさま、あなたはいのちのパンです。心が空っぽな時、あなたの愛が私を満たし、主は抱きしめてくださいます。渇ききって失望した時には、存分に慰めてくださいます。あなたは私を決して見捨てず、拒まない。暗い夜道では、あなた自身が明かりです。私はあなたと手をつないで、子どものようにケラケラ笑い、スキップして進みます。どこまでも私はあなたと一緒です。

6月2日

わたしは時にかなって、あなたがたの地に雨、初めの雨と後《のち》の雨をもたらす。あなたは穀物と新しいぶどう酒と油を集めることができる。

［申命一一・一四］

季節に応じた恵みの雨が、この生涯に降り注がれます。柔らかく心を耕し、あなたのことばが芽を出すことに注意を払います。世の中に押し流されたり、すり替えられたりしないように守ります。雑草を抜いて水と肥料を与えます。私の若枝はあなたの恵みを喜び、聖《きよ》い香りを漂わせ実りを待ちます。成長させてくださるのは神です。

6月3日

主は遠くから私に現れた。「永遠の愛をもって、わたしはあなたを愛した。それゆえ、わたしはあなたに真実の愛を尽くし続けた。」

［エレミヤ三一・三］

初めからあなたの愛はありました。忍耐強く待ち続け、私を恵みによって受け止めてくださいました。人の気持ちは移ろいますが、あなたの愛は、私がどうあろうと変わりません。愛は主が私を見つめる心。私はその甘やかな真実の愛を今日も味わいます。

6月4日

愛のない者は神を知りません。神は愛だからです。［Iヨハネ四・八］

愛のない者に、神はわからない、とあなたは言います。私には、愛がありません。どうか、あなたの愛で満たしてください。その愛を働かせて人と接し、柔和なあなたの眼差しで世界を見ます。たとえ失敗しても、あなたが私を諦めないことを思い出します。何度でも立ち上がって愛していきます。なぜなら神は愛だからです。

6月5日

私に御顔《みかお》を向け　私をあわれんでください。私はひとり　苦しんでいます。

［詩篇二五・一六］

不順な天候に振り回されて、気分が落ち込んでいます。陰鬱な黒い雲にも似たモヤモヤに、頭の中が支配されているかのようです。私はひどく孤独を覚え、寂しくてたまりません。人から忘れられ、打ち捨てられたと感じるのはなぜでしょうか。主よ、あわれんでください。私に寄り添って手を握ってください。共にいてくださることをもっと鮮やかにわからせてください。

6月6日

あなたがたは、私たちの中で制約を受けているのではなく、自分の心で自分を窮屈にしているのです。

［Ⅱコリント六・一二（第三版）］

私の心はちっぽけで、窮屈です。自分を縛り上げている思いの縄を解きます。あなたは最初の人を造られた天地創造の日、「見よ。それは非常によかった」とほほえまれました。その笑顔は私にも向けられています。私の心よ、自由になれ。あなたのほほえみに照らされて、もっと自由になれ。

6月7日

キリストは、神の御姿《みすがた》であられるのに、神としてのあり方を捨てられないとは考えず、ご自分を空《むな》しくして、しもべの姿をとり、人間と同じようになられました。

［ピリピ二・六―七］

自分のためだけに生きている時は苦しくて、空回りばかりでした。何も成し遂げられないまま終わりそうな人生に、焦りと虚しさが募りました。でも、あなたの生きる姿を知って、私の価値観は変わりました。生きるとは、この世界をいつくしみながら、人のために生きること。あなたのようにいのちを捧《ささ》げることはできないけれど、あなたと一緒ならば、人の幸せを喜び願い、仕えることができます。

6月8日

天が地よりも高いように、わたしの道は、あなたがたの道よりも高く、わたしの思いは、あなたがたの思いよりも高い。

［イザヤ五五・九］

神さま、私の狭い視野を広げてください。思い込みを取り除いてください。思い煩いという濁りに、あなたの愛をあふれんばかりに注いで、必要のないもののすべてを押し流してください。あなたの聖い水が、内側に満ち満ちてくださいますように。私の小さな思考をはるかに超えた神の思いに信頼し、ゆだねていきます。

6月9日

主は、闇に隠れたことも明るみに出し、心の中のはかりごとも明らかにされます。

［Ⅰコリント四・五］

神さま、ずる賢い人に苦しめられています。自分の正しさを主張したい気持ちでいっぱいですが、御霊《みたま》による自制を与えてください。うわさや陰口を聞いて、思いが汚《けが》されたくありません。闇の中に隠れたことは、主の時に必ず明確になります。主のなされることを信頼して待ち望み、私は祈り続けます。

6月10日

憤りを捨てよ。腹を立てるな。それはただ悪への道だ。

［詩篇三七・八］

辛《つら》かった記憶が、心を逆なでます。私の苦しみに無関心だった人たちを思い出して疼《うず》きます。ふとした瞬間に、傷跡が裂け、血がにじみ、怒りの火種となって炎上します。この怒りにとらわれないように、助けてください。いっさいをイエスさまの十字架に差し出します。手に余るものはすべて、あなたが焼き尽くしてください。

6月11日

神は　われらの避け所　また力。苦しむとき　そこにある強き助け。

［詩篇四六・一］

あなたこそ私の避け所。あなたこそ私の助けです。苦しくて辛《つら》くてたまらない時、あなたはいつも逃れの場です。今も助けが必要です。深く息をします。あなたの臨在を味わいます。辛いイメージから離れ、あなたの平安を思い浮かべます。私の存在のすべてを、あなたご自身で包み込み、聖霊で満たしてください。

6月12日

イエスは再び彼らに言われた。「平安があなたがたにあるように。父がわたしを遣わされたように、わたしもあなたがたを遣わします。」こう言ってから、彼らに息を吹きかけて言われた。「聖霊を受けなさい。」

［ヨハネ二〇・二一―二二］

聖霊を受けなさい。あなたの命令に、素直に応答します。はい、与えてください。もっと、もっとわからせてください。あなたが生きて働いておられることを。あなたが愛であることを。頭のてっぺんから爪先まで、主の平安に満たしてください。聖霊の力を注がれた私は押し出され、行けと言われるところへこれからも出かけて行きます。

6月13日

ここまでは来てもよい。しかし、これ以上はいけない。おまえの高ぶる波はここでとどまれ。

［ヨブ三八・一一］

神さま、人間はどこまで行くのでしょうか。世界のニュースを見ていると恐ろしくなります。どうか、人が人に過ぎないと己を知ることができますように。知識は人を高ぶらせます。神の知恵は人を本来の姿に戻し、祝福して生かします。私たちが神を畏《おそ》れ敬う心を取り戻せますように。この時代のキリスト者として、小さな者であっても祈り手として用いてください。

6月14日

見よ、神の幕屋が人々とともにある。神は人々とともに住み、人々は神の民となる。神ご自身が彼らの神として、ともにおられる。神は彼らの目から涙をことごとくぬぐい取ってくださる。もはや死はなく、悲しみも、叫び声も、苦しみもない。以前のものが過ぎ去ったからである。

［黙示録二一・三―四］

人を亡くして時間が過ぎました。気配は薄れ、懐かしい笑顔は輪郭を失っていきます。それでも、日々の終わりにふと、たまらない切なさを覚えます。ただ、その人の最後の日々に、主が御手《みて》を働かせてくださり、今は死も苦しみもない世界にいることを思うと、私のたましいは慰められます。この寂しさを、どうぞゆっくり癒やしてください。

6月15日

あなたがたの間で先頭に立ちたいと思う者は、皆のしもべになりなさい。人の子も、仕えられるためではなく仕えるために、また多くの人のための贖《あがな》いの代価として、自分のいのちを与えるために来たのです。

［マルコ一〇・四四―四五］

自分を出し惜しみする貧しい者でしたが、与えてみれば、あなたが前よりよくわかりました。与えることは、愛すること。愛することは、愛されること。きれいな水が循環して周りが潤うように、あなたの愛が巡り巡ります。下に見られることがあっても気にしません。十字架で身代わりの死を引き受けてくださった主よ、感謝します。仕える喜びを、私もこの人生を通して味わい続けます。

6月16日

人から出て来るもの、それが人を汚《けが》すのです。　［マルコ七・二〇］

神さま、無礼なことばで心を切り裂かれました。そこから血が流れ続けていきます。どうかあなたの手で包み、癒やしてください。人の内側にある罪が、ことばとなって現れる時、私はひどく痛手を負います。相手を憎まず、ただ罪を憎み、赦《ゆる》していきます。その人が自分の姿の醜さ、愚かさに気付く機会を与えてください。

6月17日

私は主を待ち望みます。私のたましいは待ち望みます。主のみことばを私は待ちます。

［詩篇一三〇・五］

深い河の底に座っているような夜です。希望が見えず、何のために生きているのかを見失いそうな夜です。明日の朝、再び生きることを思うと打ちのめされます。存在の危うさと苦しみに喘《あえ》ぎます。人生が果てしのないものに思えます。それでも私は生きなくてはなりません。どうかあの時のように、あなたのことばで私の心を引き上げてください。主のことばを待ち望みます。

6月18日

ヨブは主に答えた。あなたには、すべてのことができること、どのような計画も不可能ではないことを、私は知りました。

［ヨブ四二・一―二］

とことん誠実なヨブは、思いもよらない試練に遭いました。私たちの神は、因果応報の神ではありません。なぜどうしてと、答えのない問いは続けません。神は愛。神の計画は良きこと。私の小さな知力をはるかに超えて、驚くストーリーへと紡ぐ摂理があります。あなたにはすべてができる。この試練の渦から私は必ず引き上げられます。

6月19日

まず神の国と神の義を求めなさい。

［マタイ六・三三］

生活に追われるうちに、優先順位がおかしくなりました。やることリストをテトリスみたいにはめ込んで右往左往しています。私のたましいは救われて、神の国は心の真ん中にあるはずです。主を暮らしの中心に定め直します。要・不要を教えてください。何よりもまず、神の国とその義を求めなさい。みことばに耳を傾け、黙想に身をゆだねると、あなたの願いが内に満ちてきます。

6月20日

目の見えないパリサイ人。まず、杯《さかずき》の内側をきよめよ。そうすれば外側もきよくなる。

［マタイ二三・二六］

人の目を気にして、外側から整えるとボロが出ます。なすべきことが山積みですが、まず内側を整え聖めてください。あなたに心から従う気持ちがあるかを自問します。主の光で照らし、余分なものを取り除いてください。動機の真ん中に主の愛があるでしょうか。聖霊さまの導きを仰いで、一歩一歩と進みます。

6月21日

同じように、あなたがたもキリスト・イエスにあって、自分は罪に対して死んだ者であり、神に対して生きている者だと、認めなさい。

［ローマ六・一一］

自分に死のうと思うと、死ねない自分がじたばたします。余計なことをしたり、口にしたりしてしまい、落ち込みます。二つの相反する自分に時々引き裂かれそうになります。でも、古いワタシはすでに死んだ者。そう思いなさいと主は言われます。新しい私は、主にあって生きている者です。罪という名の指輪を外し、投げ捨てました。もう二度とそれを拾わないと宣言します。

6月22日

私はキリストとともに十字架につけられました。もはや私が生きているのではなく、キリストが私のうちに生きておられるのです。

［ガラテヤ二・一九―二〇］

芋掘りみたいに内面を掘り返し続けたあげく、底をついた場所で見つけたのは、空っぽなワタシ。罪に対して無力なのに、なんとかしようともがいて溺れて、ほとんど危なかったところを救い出されました。私のいのちは私だけのものではなくなって、今はどこをどれだけ掘ってもイエスさまが生きておられます。私も確かに生きています。

6月23日

また、神である主は言われた。「人がひとりでいるのは良くない。わたしは人のために、ふさわしい助け手を造ろう。」　［創世二・一八］

人はみな、神から始まりました。女には「助け手」と呼ばれる賜物《たまもの》があり、影響力が与えられていることに感謝します。この力を聖め、アダムのそそのかしに用いる誘惑を遠ざけてください。異なる者を敬い、彼らの足りなさを嘲りません。柔らかい口調で、わかりやすく励ませますように。互いに補い合うとき、私たちは神の奥義を今よりもっと知ることができます。

6月24日

私たちの格闘は血肉《けつにく》に対するものではなく、支配、力、この暗闇の世界の支配者たち、また天上にいるもろもろの悪霊に対するものです。

〔エペソ六・一二〕

私たちの敵は人ではありません。サタンは人のことばを利用して、私を挫《くじ》き、挑んできます。目を覚まして、神のすべての武具で身を守ります。聖霊に満たされ、信仰を強く持ち、みことばと祈りで勝利します。ネガティブなことばの影響を受けないように、聞き流します。できない、もうだめだと、神は決して言いません。信仰によって私も常に希望を告白します。

6月25日

それから、トマスに言われた。「あなたの指をここに当てて、わたしの手を見なさい。手を伸ばして、わたしの脇腹に入れなさい。信じない者ではなく、信じる者になりなさい。」

［ヨハネ二〇・二七］

主よ、あなたは目で見て確かめられる方ではありません。だから、祈っていても返ってくるのは沈黙で、見放された気持ちになることがあります。どうぞ、トマスに自ら現れてくださったように、私にもはっきりと語りかけてください。信じない者ではなく、確かに信じる者になりなさいと。この揺らぐ思いを支えてください。

6月26日

もしあなたが良いことをしているのなら、受け入れられる。しかし、もし良いことをしていないのであれば、戸口で罪が待ち伏せている。罪はあなたを恋い慕うが、あなたはそれを治めなければならない。

［創世四・七］

人からの評価に耐えきれず、自分をかばいました。隠してきた弱さが露《あらわ》になるのが恐ろしく、問題から逃げ出しました。今、あなたに罪を告白します。その罪に飲み込まれないように、私を赦し、聖めてください。罪の出番を遮って、気持ちを収めてください。私はあなたの子どもとして正しいほうを選んでいきます。

6月27日

まことに、もう一度あなたがたに言います。あなたがたのうちの二人が、どんなことでも地上で心を一つにして祈るなら、天におられるわたしの父はそれをかなえてくださいます。

［マタイ一八・一九］

祈りの友をありがとうございます。今、祈ってもらっていることがあります。二人が地上で心を一つにして祈る時、たとえ離れていても、あなたがそこにいてくださいます。私たちの祈りは、天の御国《みくに》につながれ、父なる神が聞いておられます。イエスさまも、天の右の御座《みざ》でとりなしておられます。みんなの祈りに心が強められ、確信を持って私も祈り続けていきます。

6月28日

天におられるあなたがたの父の子どもになるためです。父はご自分の太陽を悪人にも善人にも昇らせ、正しい者にも正しくない者にも雨を降らせてくださるからです。

［マタイ五・四五］

神さま、久しぶりに虹を見ました。虹はノアに約束された人間へのギフトです。洪水によってすべての生命が滅ぼされることは、もう二度とありません。でも、人が地球を懲りずに痛めつけています。神を知らない人にも、等しく太陽と雨を注いでくださる恵みの幸いを、多くの人が気付きますように。背後におられる神の愛に触れ、神の愛に出会う人が世界へ広がることを祈ります。

6月29日

主よ、偉大さ、力、輝き、栄光、威厳は、あなたのものです。天にあるものも地にあるものもすべて。主よ、王国もあなたのものです。あなたは、すべてのものの上に、かしらとしてあがめられるべき方です。富と誉れは御前《みまえ》から出ます。

［Ⅰ歴代二九・一一－一二］

ハレルヤ。あなたを賛美します。栄光、尊厳、栄誉では表しきれない神の大きさを思い巡らし、両手を広げます。天地は神の御手《みて》で創造され、人はあなたに息を吹き込まれて生きるものとなりました。今、生かされていることを感謝して、謙虚な心で神を見上げます。あなたの愛の広さ長さ高さ深さを、祈りの中で味わい直します。

6月30日

なんと幸いなことでしょう。その力があなたにあり／心の中に　シオンへの大路《おおじ》のある人は。彼らは涙の谷を過ぎるときも／そこを泉の湧く所とします。初めの雨も　そこを大いなる祝福でおおいます。

［詩篇八四・五―六］

あまりに辛《つら》く、死ぬことばかり考えていた時も、あなたは私の傍らにおられました。今は、それがわかります。選んだ道は不条理だらけで呪いました。けれども、雨は上がり、光が射したその時に、シオンへの大路があると本当に知りました。多くの涙の谷を過ぎ、涙は愛の泉に変わりました。新しい季節の始まりを感じて、私の心は躍ります。

column 2

体を整える

数年前、燃え尽きを経験して気力をなくした時期があります。心の問題以上に、脳内物質が関係していると専門家に教わりました。

心と同じように、体のケアがいかに大切かを痛感しました。確かに犬と暮らしていた頃は、毎日1時間の散歩で健康でした。

そこで始めたのがヨガストレッチです。「ヨガ」のルーツは古代インドの思想ですが、学んできたカトリックの黙想では、インドでヨガの訓練をされた神父が、キリスト教にふさわしく整えて各地で用いておられました。「信仰者は心を重視するあまり、体が置いてけぼりになりやすい」と、ご自身の体験が出発点だったとか。一般のヨガ教室では講師を吟味し、ストレッチとして取り入れたり、ピラティスならば安心できるとわかりました。

私の先生はYouTuber。朝と就寝前の10分ほど、自立神経を整える番組を選びます。みごと回復した私は周りにも勧め、ステイホームの間、セルフケアの輪が広がりました。気候が厳しくなった日本で健やかに生きるためのスキル。スマホ一つで今日から始められます。

＊私のお気に入りのyoutube番組「B-LIFE」https://b-life.style

7月

July

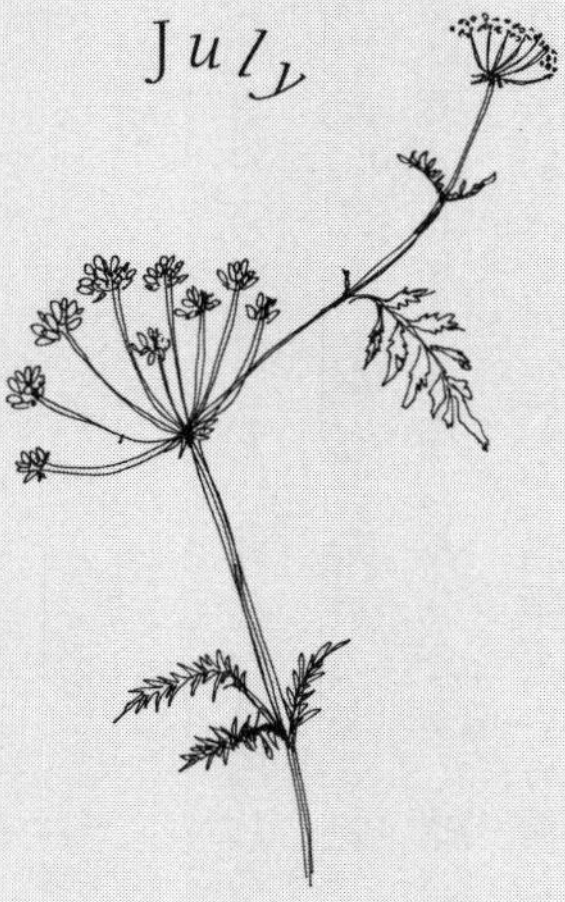

7月1日

先のことに心を留めるな。昔のことに目を留めるな。見よ、わたしは新しいことを行う。今、それが芽生えている。あなたがたは、それを知らないのか。必ず、わたしは荒野《あらの》に道を、荒れ地に川を設ける。

［イザヤ四三・一八―一九］

過去や未来の心配をやめなさいと、あなたは優しく諭されます。神は荒野に道を、荒れ地に川を、確かに設けるおかたです。神さまと共に歩めば、歩けない道はありません。カラカラに乾いた時には、いのちの水を与えてくださいます。やがて希望という新しい季節がやってきます。みこころがわからないと思い煩わず、今日という日を大切に生きていきます。

7月2日

神である主は、私に弟子の舌を与え、疲れた者をことばで励ますことを教え、朝ごとに私を呼び覚まし、私の耳を呼び覚まして、私が弟子として聞くようにされる。

［イザヤ五〇・四］

私は毎朝、あなたのことばを聞きます。まっさらで、ピチピチと新鮮なことばです。こころのごはんは、格言でも心温まるいいことばでもありません。気分が良くなって終わりではなく、主のことばに潜り込んで味わうと、私のたましいは躍ります。そうしてこの口からは、人を励ますことばが出てきます。ことばは神、ことばはイエスさま。なんと素敵なこと。ハレルヤ！

7月3日

聖書はすべて神の霊感によるもので、教えと戒めと矯正と義の訓練のために有益です。神の人がすべての良い働きにふさわしく、十分に整えられた者となるためです。

［Ⅱテモテ三・一六－一七］

悪口、陰口、うわさや批判など、汚いことばを耳にしても、ダメージを受けない強い心を与えてください。朝、あなたの糧をいただき、神のことばに守られて一日を生きられますように。いつでもまず祈り、神の知恵を仰ぎます。蓄えたことばを行動につなげ、神の義を発信していく役立つ者とならせてください。

7月4日

そして、主の御霊《みたま》がおられるところには自由があります。私たちはみな、覆いを取り除かれた顔に、鏡のように主の栄光を映しつつ、栄光から栄光へと、主と同じかたちに姿を変えられていきます。これはまさに、御霊なる主の働きによるのです。

［Ⅱコリント三・一七―一八］

人の期待に応えるために生きるのを止めます。私は自分のために生きます。私を愛してやまない主のために生きることにします。自分の期待に合わせて私も人を評価しません。どんな時にも、信仰の創始者であり完成者である主を見上げます。聖霊さまの助けによって、主の栄光を反映させながら、栄光から栄光へと、主の品性と似た者に練り上げてください。

7月5日

何をするにも、人に対してではなく、主に対してするように、心から行いなさい。

［コロサイ三・二三］

何をするにしても、主にするようにとあなたは言われます。時間を費やしてもそこに主がいなければ虚しいだけです。この働きの前に、祈って備えます。目の前に主を見ているかのような敬虔《けいけん》な思いで、心を込めて取り組めるように整えてください。誰と仕事をするにしても、その人もまた神に愛されているひとりだと意識をして、ことばと行いを適切に選んでいきます。

7月6日

ですから、あなたがたに言います。あなたがたが祈り求めるものは何でも、すでに得たと信じなさい。そうすれば、そのとおりになります。

［マルコ一一・二四］

主よ、あなたが私の最高の友であることを感謝します。どうぞこの地上でも、信仰の友を与えてください。主にあって親しく交わり、心を合わせて祈れる友。心を開いて分かち合い、聴くことに長《た》けた友。喜ぶ者と喜び、泣く者と泣ける人。そうして私も、誰かにとってそのような友となれますように。

7月7日

直《す》ぐな人たちのために　光は闇の中に輝き昇る。主は情け深く　あわれみ深く　正しくあられる。

［詩篇一一二・四］

神さまを真っ直ぐに信じます。不安があるまんま、未来を丸ごとゆだねます。目が見たことがなく、耳が聞いたことのないほどに、神の計画は私の思いをはるかに超えています。ただひたすらみことばを握り、右にも左にもそれずに歩み進めばいい。今、闇は暗く、少し先さえ見えないほどの綱渡りですが、光は余計に明るく輝きます。主は情け深く、あわれみ深いと信頼します。

7月8日

どうか、望みの神が、あなたがたを信仰によるすべての喜びと平和をもって満たし、聖霊の力によって望みにあふれさせてくださいますように。

［ローマ一五・一三（第三版）］

今、私たちの交わりに不穏なものがあります。一致を削ぐような言動があります。私たちが見るべきものは、キリストの十字架と復活であり、それは望みの神であることを、私たちに思い起こさせてください。聖霊の力が、一人ひとりに豊かに働くことを祈ります。主の喜びと平和で覆い、主の栄光が現されるキリストのからだとなっていきますように。

7月9日

みな自分自身のことを求めていて、イエス・キリストのことを求めてはいません。

［ピリピ二・二一］

みな自分のことばかりです。我の強い人といると疲れます。人はかけがえのない存在ですが、生まれながらの罪人《つみびと》。無神経で無礼な人を罵りたくなる自分にもがっかりします。負の感情が私を飲み込まないように助けてください。爆発しそうな気持ちを、イエスさまに丸投げします。いっさいを受け取って、私の心を鎮めてください。

7月10日

この恵みのゆえに、あなたがたは信仰によって救われたのです。それはあなたがたから出たことではなく、神の賜物《たまもの》です。行いによるのではありません。だれも誇ることのないためです。

［エペソ二・八－九］

神さまには私への尽きない愛があって、だからあなたのギフトは恵みです。ギフトの中身はたましいの救いでした。私は受け取るだけで救われました。開けてみたら、お帰り、と愛の文字がありました。私はその感動を心に刻んでいます。行いで徳を積もうなどと、おかしな枷《かせ》を自分にも誰かにもはめないと、私は心に命じます。

7月11日

キリストの平和が、あなたがたの心を支配するようにしなさい。そのためにこそ、あなたがたも召されて一つのからだとなったのです。

［コロサイ三・一五］

古いワタシが顔を出しては、人間関係に口出しをします。私の気持ちを揺さぶり、相手との間に亀裂を入れます。主よ、御霊《みたま》によって歩めるように助けてください。主の思い、主の品性と一致したい。光と影、相反する自分に翻弄されないように、御霊による平和で満たしてください。私は十字架によって神と和解し、新しい人になりました。

7月12日

新しい歌を主に歌え。全地よ　主に歌え。
［詩篇九六・一］

生きていくのは大変ですが、存在の根っこから、生きる喜びが湧き上がります。私の中に神の国が息づいて、内なるキリストが共に生きておられる証《あか》しです。あなたの招きに立ち上がったあの小さな勇気は人生の奇跡。主よ、感謝します。あなたを賛美します。賛美すればするほど、新しい喜びが増し加わります。私のたましいよ、新しい歌を主に向かって歌え。歌い続けよ。

7月13日

どうか、あなたがたが、あらゆる霊的な知恵と理解力によって、神のみこころについての知識に満たされますように。また、主にふさわしく歩み、あらゆる点で主に喜ばれ、あらゆる良いわざのうちに実を結び、神を知ることにおいて成長しますように。［コロサイ一・九―一〇］

イエスさまに救われた初めの愛を思い出し、みことばに生きる自由を本当に理解できるように助けてください。自分の思い以上にみこころを求め、神の声を聞き分ける霊的な洞察力を深めてください。喜んで仕える霊によって支えられ、信仰と行動が一つになった人生を、誇りを持って走り抜けられるように守ってください。

7月14日

やめよ。知れ。わたしこそ神。わたしは国々の間であがめられ／地の上であがめられる。

［詩篇四六・一〇］

神さま、みこころを求めているつもりが、先走って画策する自分がいます。右手と左手が正反対なものをつかんでおろおろしています。今、つかんでいるものを手放し、自分の確信を捨てて、両手を広げます。真っ白なお皿に載せるように、あなたのみことばをそのまま心に盛り付けます。聞きたくないことも受け入れます。祈りの中で私の思いを聖《きよ》め、導いてください。あなたに従います。

7月15日

まことに、まことに、あなたがたに言います。わたしのことばを聞いて、わたしを遣わされた方を信じる者は、永遠のいのちを持ち、さばきにあうことがなく、死からいのちに移っています。

［ヨハネ五・二四］

「永遠のいのち」の約束をありがとうございます。人生のその先に帰る場所がある幸いを感謝します。年を重ねて不自由が増えようと、永遠のいのちは確かにあり、色褪《いろあ》せません。いつもこの輝きが私の力。安心して、地上の人生をこれからも楽しみます。

7月16日

草はしおれ、花は散る。しかし、私たちの神のことばは永遠に立つ。

［イザヤ四〇・八］

神さま、どうか今、病で苦しんでいるあの人にも、永遠のいのちを与えてください。人生はこの地上で終わりではないと知り、みことばの約束によって、神の国の希望を受け取るチャンスを与えてください。抱えている悲しさ、切なさ、孤独のすべてを、あなたの愛で覆ってください。霊的な目が開かれ、永遠のいのちの希望に気付けるようにお祈りします。

7月17日

私たちの負い目をお赦《ゆる》しください。私たちも、私たちに負い目のある人たちを赦します。

［マタイ六・一二］

私には赦せない人がいます。ふとした時に、煮えたぎる憤りが噴火しそうになって苦しいのです。あなたに癒やせない傷はありません。負の感情や人生の縄目から自由になるために赦しを選びます。報復することを手放し、赦しにふさわしくない彼らを神に明け渡します。苦々しい思いの一切を永久に十字架につけ、彼らを赦し続けます。

7月18日

同じように御霊《みたま》も、弱い私たちを助けてくださいます。私たちは、何をどう祈ったらよいか分からないのですが、御霊ご自身が、ことばにならないうめきをもって、とりなしてくださるのです。

［ローマ八・二六］

自分の気持ちがわかりません。祈りたくないほど弱り果て、引きこもって傷を舐《な》めています。このまま主から遠ざかりたい誘惑を振り切って、今、思い切ってお願いします。聖霊さま、心が重くて祈りすらできない私のために、あなたがうめき、とりなしてください。もがき苦しむこの思いを、あなたがほぐし、癒やし、助けてください。

7月19日

あなたがたの思い煩いを、いっさい神にゆだねなさい。神があなたがたのことを心配してくださるからです。

［Ⅰペテロ五・七］

私には思い煩いがあります。人間の力ではどうにもならない問題です。誰にも話したくありません。でも、聞き手がいないから、心配は出口を失って内で激しさを増し、渦を巻いて迫ってきます。今、神の力強い御手《みて》の下に頭を垂れます。すべてをご存じの主よ、ことばになりませんが、この思い煩いをゆだねます。あなたの慰めを受け取れるまで、私は祈っていきます。

7月20日

あなたの重荷を主にゆだねよ。主があなたを支えてくださる。主は決して／正しい者が揺るがされるようにはなさらない。〔詩篇五五・二二〕

重荷をゆだねよと何度言われても、なかなかできません。問題を抱え込んで的外れに走り回っています。潰れてしまう前に投げ捨てなさい。主の勧めに意思を働かせて従います。思い煩う気持ちとともに、この大きな問題を丸ごと、えいっと転がします。主は頼もしくほほえんで、足元からしっかりと支えてくださいます。私は揺るがされないと、今、信仰によって宣言します。

7月21日

私たちが見たこと、聞いたことを、あなたがたにも伝えます。あなたがたも私たちと交わりを持つようになるためです。私たちの交わりとは、御父《みちち》また御子《みこ》イエス・キリストとの交わりです。［Ⅰヨハネ一・三］

兄弟姉妹の交わりの真ん中に、主をお迎えします。キリストの愛がなければ、善行はただ人のわざ。情だとか、人の思いが先立つ場がありましたら、どうぞ聖めてください。一人ひとりが十字架上のイエスさまを仰ぎ、あなたに包まれ、癒やされ、砕かれ、熟成されますように。そうして、主の豊潤な愛が横のつながりにあまねく満ちて、主の栄光が愛し合う場に現されることを祈ります。

7月22日

あなたがたはキリストのからだであって、一人ひとりはその部分です。

［Ⅰコリント一二・二七］

人の群れに入ると、自分が木偶《でく》の坊《ぼう》みたいに役立たずで、不器用に感じることがあります。劣等感のかたまりになる前に、一人ひとり違うデザインにしてくださった神の特別な愛を思い起こさせ、勇気を与えてください。互いの違いが組み合わされた時に、愛は初めて完成します。たとえ耳たぶに過ぎなくても、輝くピアスを飾る場所。私も小さなキリストです。

7月23日

私は、いのちと死、祝福とのろいをあなたの前に置く。あなたはいのちを選びなさい。

［申命三〇・一九］

選ぶことは難しいですが、生きることは選択の連続です。私の前には祝福と呪いが置かれています。どちらの道に行くのかと、毎日、私のたましいは問われます。小さな選択も、人生の大きな選択も、神が照らす祝福を選べるように導いてください。どのようなことも聖霊さまにみこころをよく聞いていきます。

7月24日

主よ　私の口に見張りを置き／私の唇の戸を守ってください。

［詩篇一四一・三］

主よ、私の口を守ってください。神を賛美する同じ口が、人を悪く言います。この口をあなたの戸で守ってください。人の徳を高めることば、平和のことばを、よく吟味して語ります。感情に駆られて無駄なことばを漏らしません。今日一日、私の唇を守ってください。

7月25日

主はあなたに告げられた。人よ、何が良いことなのか、主があなたに何を求めておられるのかを。それは、ただ公正を行い、誠実を愛し、へりくだって、あなたの神とともに歩むことではないか。

［ミカ六・八］

信仰で生きよ、と神は言われます。油断しないように守ってくださ い。主の王座を片隅に追いやり、自分頼みに陥ったならば、聖霊さまが悟らせてください。アブラハムの霊的子孫として、私も祝福の約束に生きる者です。彼の信仰の遺産を継ぐ私は、今日も心の王座に主をお迎えします。義人は信仰で生きます。

7月26日

わがたましいよ／なぜ　おまえはうなだれているのか。私のうちで思い乱れているのか。神を待ち望め。私はなおも神をほめたたえる。御《み》顔《かお》の救いを。

［詩篇四二・五］

神さま、頭にモヤがかかり、理由《わけ》もなく涙があふれます。すべてが失敗に思えて、たましいは落胆し、身動きできません。苦しくてたまりません。主よ、信仰がなくならないように助けてください。うつを恥と思ったり、自分を断罪しないように心を守り、必要ならば適切な治療が受けられるようにも導いてください。救いの平安と喜びを、主ご自身が必ず返してくださると信じます。

7月27日

おとめイスラエルよ。再びわたしはあなたを建て直し、あなたは建て直される。再びあなたはタンバリンで身を飾り、喜び踊る者たちの輪に入る。

［エレミヤ三一・四］

主よ、私は一度壊れました。形がなくなるまで崩れ、形相も変わり、自分が誰だかわからないほど醜くなりました。それでも、主はじっと遠くから私を見ておられました。神の時が来て、あなたが私を建て直すと約束してくださいました。私は再び、日の当たる場所に出て行きます。王女のように主から扱われ、主を賛美して踊ります。

7月28日

起きよ。輝け。まことに、あなたの光が来る。主の栄光があなたの上に輝く。

［イザヤ六〇・一］

神さま、私は長く眠りこけていました。起きよ、起きよ、と言われているのに一歩を踏み出す気力を失い、うずくまっていました。自力で立ち上がろうとすると、尻込みしてしまいます。けれども、光はあなた。あなたが光。聖霊さまの助けによって、イエスさまが輝きます。主よ、今こそあなたの出番です。私を通して存分にご活躍ください。

7月29日

あらゆる祈りと願いによって、どんなときにも御霊《みたま》によって祈りなさい。そのために、目を覚ましていて、すべての聖徒のために、忍耐の限りを尽くして祈りなさい。

［エペソ六・一八］

誰かのために祈れと主は言われます。価値観の合わない人のために祈っていると時には腹が立ってきます。でも、迫害者パウロのためにアナニアは祈りました。私も御霊の助けと忍耐を働かせて祈ります。今、心に引っかかっている人のために祈ります。忍耐の限りを尽くして祈ります。どうぞ、とりなしのことばも与えてください。

7月30日

あなたがたに新しい心を与え、あなたがたのうちに新しい霊を与える。わたしはあなたがたのからだから石の心を取り除き、あなたがたに肉の心を与える。

［エゼキエル三六・二六］

クリスチャンであることを感謝します。カチコチの石の心は取り除かれ、心の真ん中にはイエスさまが生きておられます。的外れな罪の縄目を解かれ、毎日、この自由を満喫しています。新しい心、優しい聖霊さま、大きな天のお父さん、みんな大好きです。私の口から、賛美があふれます。ハレルヤ、ハレルヤ、ハレルヤ！　私は飛んで跳ねて、あなたを喜びます。

7月31日

イエスは彼に答えられた。「だれでもわたしを愛する人は、わたしのことばを守ります。そうすれば、わたしの父はその人を愛し、わたしたちはその人のところに来て、その人とともに住みます。」

［ヨハネ一四・二三］

イエスさま、愛してくれてありがとう。あなたのことばは生きる糧です。心を開いて耳をすますと、あなたの思いがゆっくり広がります。それを私が生きる時、私の中にあなたが住む。何度聞いてもこの約束にときめきます。これからも、主のことばを慕い、味わい、心に留め、私の手足に命じます。なぜなら、私もあなたを愛しているからです。

8月
August

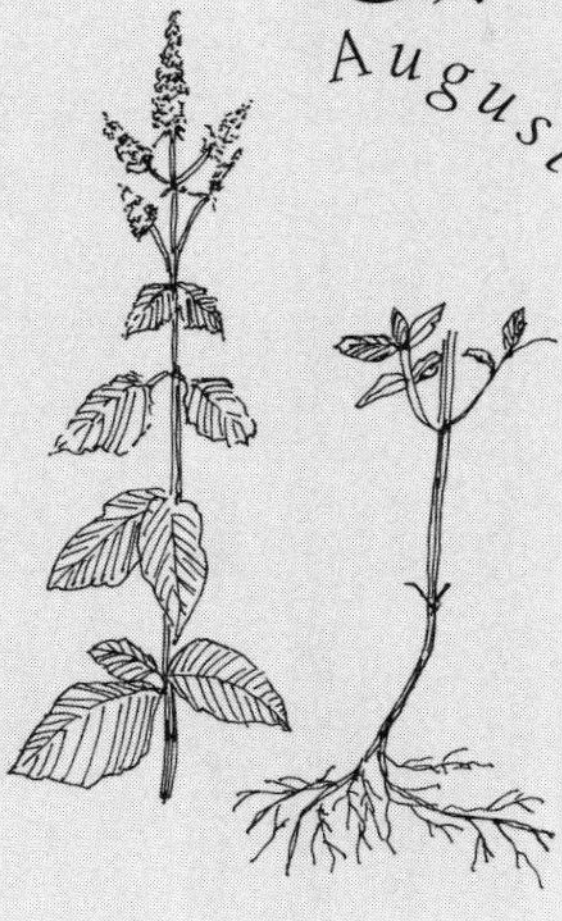

8月1日

良い地に蒔《ま》かれたものとは、みことばを聞いて悟る人のことです。本当に実を結び、あるものは百倍、あるものは六十倍、あるものは三十倍の実を結びます。

［マタイ一三・二三］

あなたのことばは生きています。感激して涙する時もあれば、何も感じない時もあります。それでも一粒ずつ蒔かれたみことばは、心の中で成長し、芽を出す時を待っています。私の内側をよく耕して柔らかくしてください。素直にみことばを聞き入れる状態へと、聖霊さまがケアしてください。思い煩いや思い込みといった雑草が生えないように、私は自分の心を注意深く見張ります。

8月2日

わたしの思いは、あなたがたの思いと異なり、あなたがたの道は、わたしの道と異なるからだ。

［イザヤ五五・八］

神さま、長年願っていることがあります。祈ってはくじけ、ときには疑い、祈りは冷えていくようです。それでもやっぱり祈りは息を吹き返し、あなたの思いに私の思いが重なるまで、祈りは積まれ、時は必ず来ます。後ろ向きなことばで台無しにしないように信仰を強めてください。私の願いをはるかに超えたあなたの計画が実現します。

8月3日

そして、これらすべての上に、愛を着《つ》けなさい。愛は結びの帯として完全です。

［コロサイ三・一四］

行いには愛の帯を結び着けなさいとイエスさまは言われます。愛のない行いは、いらない贈り物を押しつけるのに似ています。主の愛はのびやかなので、相手が誰であろうと気にしません。お返しだって必要ないし、互いにうれしくて、気持ちに触れる良いものが長く心を温め合います。私も相手を選ばず、主の愛を等しく働かせていけるように助けてください。

8月4日

もしだれかが何か言ったら、「主がお入《い》り用《よう》なのです」と言いなさい。すぐに渡してくれます。

［マタイ二一・三］

この地上に生まれ、今を生きているのは、神の栄光を現すためだと知っています。私も誰かのため、何かのために生きたいと思いを強めています。けれども、その召しはいまだにぼんやりとしています。ロバの子に声をかけられたように、私にも真っ直ぐに響く声でお話しください。「主がお入り用なのです」と。全身で受け止めて従います。

8月5日

失望せずに善を行いましょう。あきらめずに続ければ、時が来て刈り取ることになります。

［ガラテヤ六・九］

私の疲れを癒やしてください。体よりも思いがくたびれました。困りごとに寄り添うと、当たり前みたいに時間を貪《むさぼ》られます。くるくる変わる考えや驚くような嘘が、私の暮らしをのしのし脅かします。でも、主はそっと私を見守り、小さなことに忠実たれ、と声をかけてくださいます。失望は敵。だから、私は失望しないと宣言します。

8月6日

いつも喜んでいなさい。絶えず祈りなさい。すべてのことにおいて感謝しなさい。これが、キリスト・イエスにあって神があなたがたに望んでおられることです。

［Iテサロニケ五・一六―一八］

私は祈りを知らず、喜びは小さくて、感謝よりも、つぶやきと心配ばかりを好みました。でも、今は祈る相手を知っています。主を喜び、賛美は唇からあふれ、感謝は力となって毎日を彩ります。そうして私は、見違えるほど元気になりました。天の御国《みくに》に入るまで、私のたましいよ、喜べ、祈れ。感謝し続けよ。ハレルヤ！

8月7日

私は　あなたのなさったすべてのことを思い巡らし／あなたのみわざを　静かに考えます。

［詩篇七七・一二］

主よ、過去を振り返れば、苦味がよみがえります。あなたをもっと信頼していればこれほど遠回りせずにすんだのに。自分に憤り、悔しくなります。でも、あの時の私は信仰の赤ん坊。自己憐憫《れんびん》のあめ玉をぺっと吐き出して、代わりにあなたの恵みを静かに味わいます。信仰の幼子だった私を支え、育み、ここまで導いてくださった主よ、私から抱きしめたいほど大好きです。

8月8日

ですから、私の子よ、キリスト・イエスにある恵みによって強くなりなさい。

［Ⅱテモテ二・一］

主よ、私の強さは私の弱さです。自力で突き進むと、自分を傷め、周りも傷めます。限度を越えてしまうこの弱さを取り扱ってください。ただ、あなたの恵みによって強くありますように。「私の子よ」という優しい呼びかけを感謝します。私を包む主の十字架は高く広く大きい。その尽きない愛の庇護《ひご》のもとにあり、恵みが私を生かします。

8月9日

人を恐れると罠《わな》にかかる。しかし、主に信頼する者は高い所にかくまわれる。
［箴言二九・二五］

私には今、恐れがあることを認めます。人が私に罠を仕掛けてきます。悪意とことばで思考を縛り、支配しようと挑んできます。人にどう見られるかを考えると、身動きが取れなくなります。あなたの圧倒的な愛を注いで、この恐れを押し流し、私の思いを守ってください。あなたの十字架の打ち傷が、恐れの鎖を解き、私は完全な自由の身になれると信仰によって宣言します。

8月10日

また、人の語ることばを　いちいち心に留めてはならない。しもべが
あなたをののしるのを　聞かないようにするために。〔伝道者七・二一〕

神さま、人のことばにいちいちつまずかないように助けてください。私と相手は違う人間です。だから、その人の本当の気持ちはわかりません。見えない事情もわかりません。無理に溝を埋めようとせず、とりなしの祈りを主に持っていきます。思い込みで相手を判断しないように、私の思考を守ってください。

8月11日

互いに忍耐し合い、だれかがほかの人に不満を抱いたとしても、互いに赦《ゆる》し合いなさい。主があなたがたを赦してくださったように、あなたがたもそうしなさい。

［コロサイ三・一三］

神さまは忍耐を重んじます。やせ我慢をして諦めてしまうと骨が枯れます。でも、あなたの教える忍耐は私を成長させ、主の希望に結ばれた特別なチャンス。難しい人と関わる状況にありますが、その人の問題に焦点を当てず、主を見上げます。私をいつも赦してくださっている主の忍耐を思い返して寛容に接していきます。あなたが私をケアしてくださり、今を乗り越えさせてください。

8月12日

夕暮れには涙が宿っても／朝明けには喜びの叫びがある。

［詩三〇・五―六］

娘よ心配するな、と言ってくださりありがとうございます。夜、なかなか寝付けず、不安に沈み込みがちです。これまで主は必ず逃れの道を与えてくださいました。恵みを振り返ると、大丈夫だという確かさが湧いてきますが、感情がどうにも制御できません。私のたましいに命じる。思い乱れることはない。神を待ち望め。信頼せよ。主をほめたたえよ。

8月13日

しかし、愛する者たち。あなたがたは自分たちの最も聖なる信仰の上に、自分自身を築き上げなさい。聖霊によって祈りなさい。神の愛のうちに自分自身を保ち、永遠のいのちに導く、私たちの主イエス・キリストのあわれみを待ち望みなさい。

［ユダ二〇―二一］

この世には様々な異端の教えがあります。自分をキリストだと言い張る人もいます。聖霊さま、どのような相手にも主の愛で関わりながらも、欺かれたり、影響を受けないように主の守りを祈ります。みことばによって、偽物をはっきりと見分ける霊的な洞察力を強めてください。私の知性と感情と霊性のすべてが聖《きよ》められ、神の愛の中にとどまり続けるように守ってください。

8月14日

見よ。主の手が短くて救えないのではない。その耳が遠くて聞こえないのではない。むしろ、あなたがたの咎《とが》が、あなたがたと、あなたがたの神との仕切りとなり、あなたがたの罪が御顔《みかお》を隠させ、聞いてくださらないようにしたのだ。

［イザヤ五九・一―二］

人とは何者でしょうか。神のかたちに造られた私たちが、戦争を利用して人を踏みにじります。人間である限界を知り、自分もまた的を外した罪人《つみびと》である気付きが与えられ、神に対して謙虚になれますように。特に権力を悪用して人を損なう者たちを、神の慈愛による悔い改めへと導いてください。彼らが我に返り、弱い立場の人を思いやる愛の心を取り戻せることを心から祈ります。

8月15日

平和をつくる者は幸いです。その人たちは神の子どもと呼ばれるからです。

［マタイ五・九］

平和を作る小さなキリストとして、社会に仕えていきたい。今、置かれている場所から始めます。平和の神であるイエスさまの臨在を求めて祈ります。ピースメーカーとしての、時宜《じぎ》に適った振るまいを教えてください。争いには祈りで、無関心には愛で、妬みには赦しをもって平和の橋を架けていきます。とるべき行動へと導いてください。

8月16日

すなわち、神はキリストにあって、この世をご自分と和解させ、背きの責任を人々に負わせず、和解のことばを私たちに委ねられました。

［Ⅱコリント五・一九］

私には和解のことばが委ねられています。自分のことだけで精一杯な日を後にして、社会にもっと関心を向けます。神との和解のことばを周りに差し出していけるように助けてください。神に赦され、救われた者の自由と希望を、世の中に発信していきます。あなたの救いがこの世界に広がっていくことを願い祈ります。

8月17日

私は勇敢に戦い抜き、走るべき道のりを走り終え、信仰を守り通しました。

［Ⅱテモテ四・七］

主よ、この道を感謝します。主が待つ天に帰る時、私はただの裸んぼうです。人生の年輪を重ねるたびに、不要なものを脱ぎ捨てて身軽になることを求めます。地上では勇敢であれと、聖霊さまの励ましがあります。走るべき道のりを走り終えた日、「すべては恵みだった」と、私は笑って逝《い》きたい。

8月18日

あなたがたがだれかの罪を赦すなら、その人の罪は赦されます。赦さずに残すなら、そのまま残ります。

［ヨハネ二〇・二三］

主よ、親身になって助けた人から、手酷《てひど》い仕打ちを受けて傷つきました。私たちは誰もが罪人《つみびと》です。相手の変わり身をいつまでも嘆かず、ただ赦します。この問題をあなたに渡します。その人が、考えることから逃げずに、自分の罪と真摯に向き合う機会を与えてください。神の慈愛による悔い改めに導かれ、真の自由を知り、主と共に歩み直せるように助けてあげてください。

8月19日

しかし、知識は人を高ぶらせ、愛は人を育てます。自分は何かを知っていると思う人がいたら、その人は、知るべきほどのことをまだ知らないのです。

［Ｉコリント八・一―二］

知ったかぶりをしたり、物ごとを決めつけないように、あなたのへりくだりの心と一つにしてください。自分の知識や能力に頼りません。真っ先に愛を働かせ、人の徳を建てるかどうかを見極められるゆとりを与えてください。あなたを飛び出しては、私は何もできません。いつもあなたの心に結びつけられ、あなたの愛と一つに溶け合えることを願います。

8月20日

その人は悪い知らせを恐れず／主に信頼して　心は揺るがない。

［詩篇一一二・七］

神さま、悪い知らせが届きました。どうぞ、揺れ動く感情を鎮め、冷静さを与えてください。悪い方へと想像を膨らませることがないように守ってください。主は良いおかたです。苦しみさえも、神を知る者にはいずれ益とされます。主を信頼し、私は揺るぎません。

8月21日

約束してくださった方は真実な方ですから、私たちは動揺しないで、しっかりと希望を告白し続けようではありませんか。

［ヘブル一〇・二三］

今、人生の嵐が吹き荒れています。弟子たちが大騒ぎしている中、舳先《へさき》でぐっすり眠り込んでいるイエスさまから、「信仰がないとはどうしたことですか」と、私も言われそうな状態です。動揺は、判断力を鈍らせます。今、永遠のいのちという錨《いかり》を、嵐の真ん中に据えます。慌てずに、主を信頼すると告白し、大波を乗り越えていきます。

8月22日

「すべてのことが許されている」と言いますが、すべてのことが益になるわけではありません。「すべてのことが許されている」と言いますが、すべてのことが人を育てるとはかぎりません。

［Iコリント一〇・二三］

私にはすべてをしてよい自由が与えられています。あなたのことばに、ほっとします。だからこそ、する必要のあることと、ふさわしくないことを、選ぶ賢さを与えてください。自分を傷めるようなことに、時間を費やしたくありません。第一のことを第一にして、私は生きていきます。

8月23日

あなたは正しすぎてはならない。自分を知恵のありすぎる者としてはならない。なぜ、あなたは自分を滅ぼそうとするのか。

［伝道者七・一六］

正しいのはあなただけです。見当外れな正義感は、人をさばくだけです。自分の行いが純粋だと思っても、罪に阻まれて「ワタシ」に曲がっていきます。今、抱えている問題をいったん手放します。主の十字架の愛の視座から、するべきことと、しなくてよいことをわからせてください。私は祈って待ちます。

8月24日

主によって　人の歩みは確かにされる。主はその人の道を喜ばれる。その人は転んでも　倒れ伏すことはない。主が　その人の腕を支えておられるからだ。

［詩篇三七・二三―二四］

目の前にはたくさんの道が分かれていて、期待と無力がごちゃ混ぜになってふさいでいます。主よ、あなたに相談しなければ、私の思いはあれもこれもと彷徨《さまよ》い出し、結局、何一つ手をつけないまま終わりそうです。後悔したくないから私は心を注いで祈ります。導きを信じて踏み出した一歩であれば、主は尊び、確かなものにしてくださいます。

8月25日

身を慎み、目を覚ましていなさい。あなたがたの敵である悪魔が、吼《ほ》えたける獅子《しし》のように、だれかを食い尽くそうと探し回っています。堅く信仰に立って、この悪魔に対抗しなさい。

［Ⅰペテロ五・八―九］

最後まで残るものは、信仰と希望と愛です。敵はこれを奪おうとして歩き回っています。土の器である私から、イエスさまの輝きが奪われないように、霊の目を開けて注意します。信仰が揺るがされる時は主の警告。聡《さと》くそれを察知し、信仰の先輩たちが勝ち抜いたこの戦いを心に留め、祈りと聖霊の力で、日々私も備えます。

8月26日

主を恐れることは知識の初め。［箴言一・七］

私は主を正しく恐れているでしょうか。あなたは寛容で優しいけれど、崇《あが》むべきおかた、畏《おそ》れ敬うおかたです。人のいのちを生かし、取り去るのは神だけに許されたことです。これほど偉大な力を持つおかたを、あちこちに転がっている「カミサマ」と一緒にして侮る人間の無知をお赦しください。人がみな、あなたを正しく畏れ敬うように、どうぞ私たちをあわれんでください。

8月27日

主ご自身があなたに先立って進まれる。主があなたとともにおられる。主はあなたを見放さず、あなたを見捨てない。恐れてはならない。おののいてはならない。

［申命三一・八］

元気なふりに疲れました。笑顔はまるで能面です。内側は傷ついてズタボロです。強盗に襲われた人のごとく、地面に血を流して倒れています。誰もが見て見ぬふりをして通り過ぎていきます。ここには親切なサマリア人もいません。私にはただイエスさまだけです。抱き起こして介抱し、傷を癒やし、休ませてくださいます。私は深く眠り、目覚めとともにもう一度生きる力をいただきます。

8月28日

ですから私たちは、キリストについての初歩の教えを後にして、成熟を目指して進もうではありませんか。

［ヘブル六・一］

なかなか自分は成長しないと言えば、謙遜みたいに聞こえるけれど、神さま、どうでしょう。はずまない心をなだめて礼拝に出たり、自分をかばって言い訳する大人に私はなりません。小さな子どもみたいに、毎日が新鮮で、少しずつ少しずつ成長を重ねて、やがて成熟した大人のキリスト者になりたい。私たちみんなが大人になれますように。

8月29日

神の命令を守ること、それが、神を愛することです。神の命令は重荷とはなりません。……世に勝つ者とはだれでしょう。イエスを神の御子《みこ》と信じる者ではありませんか。

［Iヨハネ五・三、五］

神の命令はいのちの糧。私を生かします。みことばに従うと、愛が出現します。途中で困難に遭遇すれば、聖霊さまが助けてくれます。個性を隠して生きる閉塞感漂う社会の中で、あなたは本当の自由を教えてくれました。みことばで生きることを日々重ねます。自分からこの愛を周りに分かち届けます。

8月30日

今日《きょう》、私があなたのいのちを大切にしたように、主は私のいのちを大切にして、すべての苦難から私を救い出してくださいます。

［Ⅰサムエル二六・二四］

神さま、いのちをありがとう。生きるをありがとう。たくさんの出会いをありがとう。好きなこと、好きなもの、彩り豊かな人生をありがとう。あなたは私を大切に思い、すべての苦しみから救い出してくださいます。私も身近な人を大切にできますように。同時代に生かされている感謝を、相手にことばと行動で示せるように整えてください。

8月31日

平安のうちに私は身を横たえ／すぐ眠りにつきます。主よ　ただあなただけが／安らかに　私を住まわせてくださいます。〔詩篇四・八〕

神さま、いつも私を心配してくださりありがとうございます。今夜ぐっすり眠らせてください。心身の疲れを癒やし、私を支えるいのちのすべてが健康でありますように。明日の朝は爽やかに目覚め、一つ一つの活動を祝福してください。目や耳にするもの、口にするもののいっさいが、みこころにかなった道を選べるように聖霊さまが導いてください。

9月

September

9月1日

あなたの口を大きく開けよ。わたしが　それを満たそう。

［詩篇八一・一〇］

あなたのことばが、滑り落ちていきます。自分の慮《おもんばか》りに任せすぎて、あなたの道から離れている気がします。あなたは最良の小麦を与え、蜜で満ち足らせる方です。今、信仰の口を大きく開けて、中心軸を据え直します。聖霊さま、満たしてください。あなたのことばから、右にも左にもそれないように、あなたの愛と力で支えてください。

9月2日

安息日を守って、これを聖なるものとせよ。あなたの神、主が命じたとおりに。六日間働いて、あなたのすべての仕事をせよ。七日目は、あなたの神、主の安息である。

［申命五・一二―一四］

日曜日、私は礼拝します。振り返って惨めな一週間だったとしても、真新しい朝が始まります。緋《ひ》色に流れる主の血で、たくさんの失敗が聖《きよ》められます。主を賛美して愛す朝、いのちのリズムが鳴り出します。忙しいが口ぐせの私に、神の不思議なポケットから、時間と糧がマナのように与えられます。安息日、それはあなたの愛の心。感謝します。

9月3日

わたしの聖なる山に来させて、わたしの祈りの家で彼らを楽しませる。……わたしの家は、あらゆる民の祈りの家と呼ばれるからだ。

［イザヤ五六・七］

聖霊さま、日本中の教会を祈りの家に変革してください。祈りは御《み》霊《たま》の一致を生み出します。人は変えられ、教会は神の臨在にあふれ、聖められます。祈りの家には喜びが満ち、主が私たちを楽しませてくださいます。キリストの各器官である一人ひとりが、思いと時間を積極的に捧《ささ》げ、愛なる主が生きておられるのだと本当に知ることができますように。

9月4日

愛には恐れがありません。全《まった》き愛は恐れを締め出します。恐れには罰が伴い、恐れる者は、愛において全きものとなっていないのです。

［Ⅰヨハネ四・一八］

過去に私は縛られて、身動きが取れずにいました。言われたことばやされたことを、敵は巧みに用いて、恐れと諦めを吹き込んできました。私は感情を麻痺《まひ》させて、人も人生も遠ざけました。でも、今、癒やしを受け取ります。全き愛に抱きしめられて、おびえた感情は解けます。愛の温もりが体にも新しく刻まれ、平安という蜜の味に酔います。全き愛は人生から恐れを締め出します。

9月5日

わたしはあなたに天の御国《みくに》の鍵を与えます。あなたが地上でつなぐことは天においてもつながれ、あなたが地上で解くことは天においても解かれます。

［マタイ一六・一九］

自分には価値がないとウソを信じ込んでいました。取るに足りない者との思い込みが選択肢を狭め、繰り返しの毎日に閉じこもって諦めていました。けれども、それは自分や人の口を通して私にかけられた呪いです。サタンに足がかりを作っていたことを悔い改めます。主はそのままの私を愛してくださり、天の御国と祈りでつながっています。キリストにあって私は解放されます。

9月6日

実に、キリストこそ私たちの平和です。キリストは私たち二つのものを一つにし、ご自分の肉において、隔ての壁である敵意を打ち壊し、様々な規定から成る戒めの律法を廃棄されました。　［エペソ二・一四―一五］

自分でも自分がさっぱりわからず、迷走していた季節を経て、長く招いておられた主に気付き、私は十字架の橋を渡りました。矛盾だらけの自我の壁は打ち壊され、瓦礫《がれき》の中から新しい私が出現しました。平和の主よ、あなたは人間同士が作りたがる隔ての壁をも打ち壊してくださいます。主の臨在を仰ぎ、キリストの平和がどこにおいても実現することを祈ります。

9月7日

これを離れて、右にも左にもそれてはならない。　［ヨシュア一・七］

神の律法は、神と人を愛せよ、ただそれだけです。神に愛されている喜びは、周りに良いものを分かつ源。でも、私は誰も愛せない貧しい者なので、聖霊さま、愛する力を与えてください。人のことばだとか状況だとか、横風が吹いてもよろよろせずに、ひたむきにあなたを見て進みます。右にも左にも私がそれないように守ってください。

9月8日

悪しき者は心の痛みが多い。しかし　主に信頼する者は／恵みがその人を囲んでいる。
［詩篇三二・一〇］

悪者たちは、傲慢、無礼、無責任で私を苦しめます。彼らの自己愛に辟易《へきえき》しますが、主はそう言いません。悪者たちは心の痛みが多いと。相手を変えようとヤキモキせず、私が変われますように。取り囲まれている恵みの中で憩い、あわれみを学び、人の痛みを理解できる大人にしてください。

9月9日

私が自分でしたくないことをしているなら、それを行っているのは、もはや私ではなく、私のうちに住んでいる罪です。［ローマ七・二〇］

私は同じ過ちを繰り返します。悪い習慣があります。この悪循環から助け出してください。止めようとすると、大きくリバウンドして、いっそう惨めになります。この縄目から自由になりたいです。罪を刺激する甘い声に誘われたならば、まず祈ります。私の思いを、すぐに主の方に向けさせてください。私はすでに罪赦された者だと、大きな声で宣言します。

9月10日

肉の思いは死ですが、御霊《みたま》の思いはいのちと平安です。〔ローマ八・六〕

肉の思いは、刹那《せつな》と滅びの味を楽しみ、私を霊的な死へと追いやります。罪を拭おうにも鎖は解けず、悲観的な思いは降り積もって心は汚《けが》れます。でも、あなたを信じた時から、私のいのちはひるがえり、永遠のいのちが与えられました。希望は消えず、キリストが内で輝き、人生の底に流れる旋律は主の平安です。愛の音に耳をすませてこれからも生きていきます。

9月11日

そのとき、イエスはこう言われた。「父よ、彼らをお赦《ゆる》しください。彼らは、自分が何をしているのかが分かっていないのです。」彼らはイエスの衣を分けるために、くじを引いた。

［ルカ二三・三四］

十字架につけ、わめき散らしている人々に、主は最後まであわれみの心で応じられました。人殺しを犯すほど真っ黒なものが埋め込まれた罪の力。その罪の原理に気付いた私は先に悔い改め、赦された世界を生きています。理不尽な仕打ちを受けた私の気持ちは収まりませんが、自分が何をしているのかもわからない相手を主にあって赦します。

9月12日

なぜ　御顔《みかお》を隠されるのですか。私たちの苦しみと虐げをお忘れになるのですか。私たちのたましいは　ちりに伏し／私たちの腹は　地についていています。立ち上がって　私たちをお助けください。御恵《みめぐ》みのゆえに　私たちを贖《あがな》い出してください。

［詩篇四四・二四―二六］

私たちは曲がった時代に生きています。世界は傷だらけです。毎日、争いの血が流れています。日々、流れてくる「不幸ニュース」を聞くと、憤りが募ります。この怒りを神の愛に結びつけて、あわれみの心へと浄化させてください。世界中の人たちがあなたと出会い、たましいが救われますように。神と和解して愛を知り、人と和解し、国と国が違いを尊重し、世界平和が実現するように願い祈ります。

9月13日

ですから、あなたがたは癒やされるために、互いに罪を言い表し、互いのために祈りなさい。正しい人の祈りは、働くと大きな力があります。

［ヤコブ五・一六］

私はアブラハムの霊的な子孫です。あなたを信じるだけで罪が赦され、信仰によって義とされました。主の恵みによる義人としてとりなします。失意の人や、気分障害に苦しむ人のために祈ります。落ち込んだその気分から、速やかに解放してください。絶望から希望へと、主の御手《みて》が介入してください。聖霊さま、私に手伝えることを教えてください。

9月14日

私は山に向かって目を上げる。私の助けは　どこから来るのか。私の助けは主から来る。天地を造られたお方から。

［詩篇一二一・一―二］

神さま、あなたは私の味方です。人から見下されても、あなたは私を尊重してくださいます。私の助けは、この広い天地を造られた主から来ます。人はあなたの被造物に過ぎません。人を恐れる必要はありません。私はただ、あなたに向かって目を上げます。

9月15日

私は　あなたが行く道で／あなたを教え　あなたを諭そう。あなたに目を留め　助言を与えよう。

［詩篇三二・八］

主は私を決して人と比べず、高価で尊いと言われます。それなのに、私はなぜか自信がなく、周りの人は充実しているように感じて、惨めになる時があります。主の愛すら拒み、自分をかばい、頑《かたく》なに弱さを手放したがらない強情な自我を砕いてください。あなたの諭しに心を開き、主の助言を聞き入れるならば、私は本当にあなたと自分を知り、主の輝きの中を安心して歩めます。

9月16日

悪に対して悪を返さず、侮辱に対して侮辱を返さず、逆に祝福しなさい。あなたがたは祝福を受け継ぐために召されたのです。

［Ⅰペテロ三・九］

神さま、突然のことに驚いています。いわれのない悪意を向けられて、悔しいよりも呆れます。支離滅裂な言い分に、相手を蔑んだり、いきり立ったり。その感情に乗らず、悪に悪で、侮辱に侮辱で報いるなと主は教えてくださいます。争い好きな敵がこの出来事に入り込む隙を作りません。プリンセスのような威厳を持って、私は信仰によって相手を赦し、かえって祝福を与えます。

9月17日

与えなさい。そうすれば、あなたがたも与えられます。詰め込んだり、揺すって入れたり、盛り上げたりして、気前良く量って懐に入れてもらえます。あなたがたが量るその秤《はかり》で、あなたがたも量り返してもらえるからです。

［ルカ六・三八］

受けるより、与える方が幸いです。この素晴らしい教えに同意します。惜しむことなく、気前よく与えたいですが、自力ではできません。聖霊さまの助けが必要です。私の内側にある惜しむ気持ちを取り除き、心から喜んで、どしどし与える者に作り変えてください。

9月18日

あなたの父と母を敬え。あなたの神、主が命じたとおりに。それは、あなたの日々が長く続くようにするため、また、あなたの神、主があなたに与えようとしているその土地で幸せになるためである。

［申命五・一六］

親の愛はかけがえのない宝です。でも、彼らの情は緩やかに娘たちを縛ります。主から無条件に愛され癒やされ、その鎖を切ってもらいました。大人になった娘たちは、信仰を働かせて親を敬います。あなたのことばに従って、だんだん縮んでいく親を、感謝の心で大切にします。娘たちは主に幸せを祈られています。

9月19日

私の神　主は　私の闇を照らされます。

［詩篇一八・二八］

寂しいと口にすれば泣けそうで、惨めだと言えば落ち込みます。ふだんは気づかない否定的な思いだとか、赦せない気持ちだとか、あなたはすべてをご存じです。人の感情を豊かに造られた主よ、闇を照らされると、痛くありながらも、結局は気付きを与えられるチャンスとなるから不思議です。今夜はこの自己憐憫《れんびん》と寂しさを照らして、慰めてください。

9月20日

地震の後に火があったが、火の中にも主はおられなかった。しかし火の後に、かすかな細い声があった。

［Ⅰ列王一九・一二］

主よ、私は疲れ果てました。何もかも間違った選択だったと感じています。考える力はなく、祈りも賛美もできません。このまま消えてしまいたいと願い、神にも聖書にも耳をふさいだ私ですが、胸の奥からあなたのかすかな細い声が響くような気がしています。私の希望はまだありますか。もしそれがあなたの呼びかけならば、もう一度、耳を開いてください。再び生きるために。

9月21日

それだけではなく、苦難さえも喜んでいます。それは、苦難が忍耐を生み出し、忍耐が練られた品性を生み出し、練られた品性が希望を生み出すと、私たちは知っているからです。この希望は失望に終わることがありません。なぜなら、私たちに与えられた聖霊によって、神の愛が私たちの心に注がれているからです。

［ローマ五・三―五］

苦しみに耐えるのは難しい。それでも、この苦しみに隠されたあなたの意向は愛だと信じています。潰されそうになりながらも主を信頼し、祈り、忍びながら、主を賛美していく時、いつしか希望を見出す品性へと練り上げられていく。その約束を楽しみに、主に愛されている希望が確かな錨《いかり》となって、私はきっと乗り越えていけます。

9月22日

しかし主は、「わたしの恵みはあなたに十分である。わたしの力は弱さのうちに完全に現れるからである」と言われました。ですから私は、キリストの力が私をおおうために、むしろ大いに喜んで自分の弱さを誇りましょう。

［Ⅱコリント一二・九］

弱い時にこそ、私は強い。そこにイエスさまの力が現れてくださるからです。弱さを嘆きません。恥じません。自分だけで何でも解決できるのならば、あなたは必要ないからです。弱さは、あなたの愛をより体験的に知る恵みの窓です。自己憐憫《れんびん》よ、離れなさい。あなたの恵みは私に十分だと、今、天を仰いで宣言します。

9月23日

人はだれでも、聞くのに早く、語るのに遅く、怒《いか》るのに遅くありなさい。
［ヤコブ一・一九］

語るよりも、まずは聞く者にと願いながら、反対になってしまいます。語り過ぎず、愛の沈黙を身に着け、十分に聞く者になりたい。たとえ怒りがこみ上げても、それを脇に退けるゆとりを与えてください。私の背後であなたがほほえんで支えていることを、いつでも思い出していきます。

9月24日

神へのいけにえは　砕かれた霊。打たれ　砕かれた心。神よ　あなたはそれを蔑まれません。

［詩篇五一・一七］

私は頑固になりません。柔らかい心で生きます。失敗も弱さもたくさんありますが、素直に悔い改めます。尊大な自我はベリベリと剝がされればいいのです。あなたの前では取り繕いません。砕かれるほど内におられるイエスさまが輝いてくださいます。ありのまま祈ります。私はあなたのものです。自分を明け渡して主を礼拝します。

9月25日

むしろ、あなたがたは御国《みくに》を求めなさい。そうすれば、これらのものはそれに加えて与えられます。

［ルカ一二・三一］

生活の思い煩いに振り回されて、信仰が弱くなっていたことを悔い改めます。やり繰りを考え、人間的な解決を追い求めがちになっていました。信仰とは、あなたを信頼しきること。あなたが愛だと信頼して、実践すること。何はともあれ、神の国を求めなさい。聖霊の助けによって、私はみことばに従います。優先順位を正しく選びます。私は神の国を第一に求めます。

9月26日

主は、昼は、途上の彼らを導くため雲の柱の中に、また夜は、彼らを照らすため火の柱の中にいて、彼らの前を進まれた。彼らが昼も夜も進んで行くためであった。昼はこの雲の柱が、夜はこの火の柱が、民の前から離れることはなかった。

〔出エジプト一三・二一―二二〕

神さまはエジプトから逃れ逃れた四十年間、灼熱《しゃくねつ》の砂漠を歩く昼も、凍える寒さと獣に震える夜も、雲の柱、火の柱となって、目もくらむほどの臨在を現し民を守られました。私の毎日も同じです。目には見えなくとも、聖霊さまの導きがあります。主の臨在に取り囲まれて安心です。あなたの光の中を歩いていけば、周りの闇は遠ざかります。

9月27日

神は　われらの避け所　また力。苦しむとき　そこにある強き助け。それゆえ　われらは恐れない。たとえ地が変わり／山々が揺れ　海のただ中に移るとも。たとえその水が立ち騒ぎ　泡立っても／その水かさが増し　山々が揺れ動いても。

［詩篇四六・一―三］

神よ、災害の起きている地域のために祈ります。どうか今、苦しみのただ中におられる人々を助けてください。様々なものを失い絶望を味わっている方に、主の慰めが届きますように。神から管理を託された地球は、人の罪ゆえに、傷つき血を流しています。行き過ぎた開発や経済活動、野心などが遠ざけられ、恵みの雨によって地球が調和を取り戻す日を心から祈ります。

9月28日

志の堅固な者を、あなたは全《まった》き平安のうちに守られます。その人があなたに信頼しているからです。

［イザヤ二六・三］

生きる目的を知っていれば、倒れることはありません。私の使命を教えてくださり感謝します。志は堅く、貫こうと決意しました。目の前には、狭い道が続いています。小さな力ではなしえませんが、聖霊さまが傍《そば》で励ましてくださるので、信仰を働かせて取り組み続けます。みことばを口ずさめば、私の霊は奮い立ちます。私は神の平安と祝福を運ぶ人として生きていきます。

9月29日

みことばを行う人になりなさい。自分を欺いて、ただ聞くだけの者となってはいけません。

［ヤコブ一・二二］

みことばを聞き流さず、敬意と憧れをもって聞く耳を与えてくださ い。あなたのことばは、生きて働く恵みの力。どうぞ私を、信じて従うダイナミックなみことばの冒険者にしてください。人の目を恐れたり、世の常識に飲み込まれないように守ってください。無害なぼんやりした信仰者にはなりたくありません。主の情熱に燃やされて今日できることから行います。

9月30日

剣《つるぎ》を免れて生き残った民は　荒野《あらの》で恵みを見出す。イスラエルよ、出て行って休みを得よ。

［エレミヤ三一・二］

置かれた場には、無関心や諍《いさか》いなど、あなたには絶えがたい月日がありました。けれども、からし種ほどの信仰をあなたは見逃されませんでした。荒野で涙する歳月の中、恵みの意味を知りました。今、荒野から出て休めと声をかけてくださいます。新しい季節の始まりを、私は希望を持って待ち望みます。

column3

まち歩きを楽しむ

まち歩きが好きです。古い建物を見つけたり、空を眺めたり、行先知れずの路地にときめいたり。居心地のよさそうなカフェに出会えばシアワセ。自転車の時は、知らない裏道をあえて走る。迷ったならば、スマホに頼る前に顔を上げ、地元のランドマーク東京スカイツリーを探して安心する。無料ですぐにできる最高のストレス解消が、この歩くこと、「散歩」だと思っています。

遠距離介護のため、週に一度往復4時間かけて通う時期が続きました。電車内で読書はできても、気分転換にはなかなかなりません。実家から重い気分を持ち帰る時もあり、さて、こんな時は？　思い切って乗り換え駅で下車し、並木道や整備された新しい通りをぶらついてみました。頭がすっきり、新しいアイデアが湧いてくることもあります。

とりわけ朝散歩は、自立神経の整えに有効だそうです。コロナ禍で夫と続けた時、気分爽快、毎日の夫婦関係もごく良好に。

あなたのまちをよく見て、感じて、歩いてみる。きっと気持ちが動き出すはずです。

10月

October

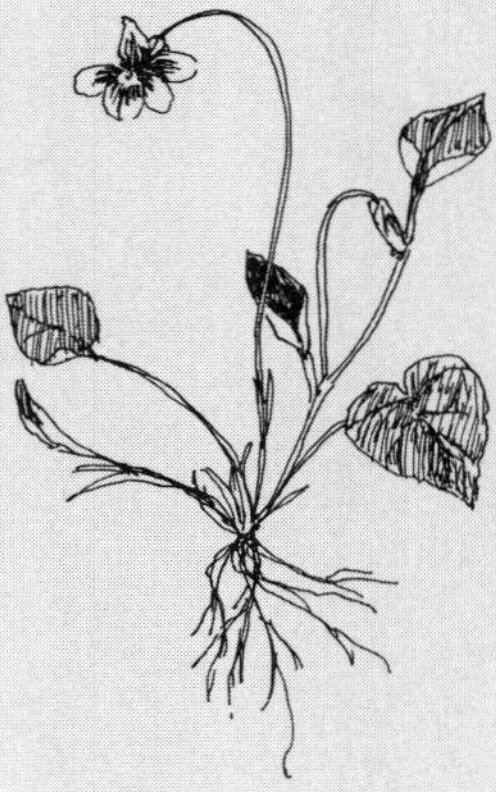

10月1日

主はあなたを守る方。主はあなたの右手をおおう陰。昼も　日があなたを打つことはなく／夜も　月があなたを打つことはない。主は　すべてのわざわいからあなたを守り／あなたのたましいを守られる。主はあなたを　行くにも帰るにも／今よりとこしえまでも守られる。

［詩篇一二一・五―八］

今朝も新しい一日をありがとうございます。どこに行こうと、何をしようと、あなたの見守りがあります。何が起きようと打ちひしがれることはありません。誰かと対立しても、あなたが私の味方です。手を握り、覆いとなってくださいます。安心して、私は今日という一日を歩み出します。

10月2日

今私は、あなたがたを神とその恵みのみことばにゆだねます。みことばは、あなたがたを成長させ、聖なるものとされたすべての人々とともに、あなたがたに御国《みくに》を受け継がせることができるのです。

［使徒二〇・三二］

みことばは、私の支えです。みことばは、私の希望です。あなたの御国で顔と顔を合わせて親しくお会いするその時まで、この地上でみことばと共に生きます。神の国が、私の内に豊かに広がり続けてください。目に見えるものや、移ろうものに振り回されることなく、深く深く、信仰の根を広げていきます。

10月3日

主が家を建てるのでなければ／建てる者の働きはむなしい。主が町を守るのでなければ／守る者の見張りはむなしい。あなたがたが早く起き　遅く休み／労苦の糧を食べたとしても　それはむなしい。実に　主は愛する者に眠りを与えてくださる。

［詩篇一二七・一―二］

主よ、私の人生に責任を持ち、最後まで養ってくださることを感謝します。主を愛する者が、終わりに恥を見ることは決してありません。誰の人生であっても主が不在ならば、虚しさはどこかに棲《す》み続けます。神に頼るなど格好悪いとしたり顔をされてもいちいち傷つかず、胸を張って主を賛美し礼拝を捧《ささ》げ、私はとことん主に頼っていきます。

10月4日

神はみこころのままに、あなたがたのうちに働いて志を立てさせ、事を行わせてくださる方です。

［ピリピ二・一三］

なかなか消えないこの思いはなんでしょうか。あなたからの促しか、あるいは自分の思いつきでしょうか。どうぞ、祈りの中で教え導いてください。神さまの思いならば、何が起きようと扉は開かれます。恐れずに、主に知恵を仰ぎ、聖霊の励ましをいただきながら、信仰の冒険に乗り出していきます。

10月5日

どうか御父《みちち》が、その栄光の豊かさにしたがって、内なる人に働く御霊《みたま》により、力をもってあなたがたを強めてくださいますように。

［エペソ三・一六］

主よ、私は自分の活動に忙しく、神の促しに疎《うと》く暮らしていました。神にも人にもなおざりな対応で、愛することから遠く離れていました。ごめんなさい。内なる人を強めてください。十字架に自らを捧げた主の愛に応えて、人を愛する力を与えてください。私ももっとあなたを愛したいのです。

10月6日

一人ひとり、いやいやながらでなく、強いられてでもなく、心で決めたとおりにしなさい。神は、喜んで与える人を愛してくださるのです。

［Ⅱコリント九・七］

神さま、捧げることに躊躇《ちゅうちょ》する時があります。少しだけ蒔《ま》く者は刈り取りも少なく、豊かに蒔く者は豊かに刈り取ると、主ははっきり言われます。でも、強いられてでは愛のわざではないし、洗脳なんてとんでもない。すっきり応答できない気持ちはどこから来るのかを教えてください。どんな時にでも、喜んで捧げられるように私を癒やし、整えてください。

10月7日

私は身を横たえて眠り　また目をさます。主が私を支えてくださるから。

［詩篇三・五］

主に本当に出会うまで、眠れない夜をいくつも過ごしました。朝、浅い眠りに目を開けてみても、悩み深い現実は何ひとつ変わっておらず、私はそのまま丸まって無責任でいたかった。でも、今は主の支えと励ましが私を包むので安心して眠ります。夜の間にも私を心配し見守ってくださる主よ、屈しない心を与えてくださり感謝します。

10月8日

けれども彼らには、聞いたみことばが益となりませんでした。みことばが、聞いた人たちに信仰によって結びつけられなかったからです。

［ヘブル四・二］

聖書のことばが、なぜか心に届かない相手がいます。神を信じていると言いながら聞き流していきます。自分の経験に頼り、安全なところにいたい気持ちが透けて見えます。この気付きは、相手をさばく思いとなって私を苦しめます。忍耐深く、とりなして祈る愛を増し加えてください。あなたのことばを信仰に結びつけられますように、聖霊さまがその人の心にも働いてください。

10月9日

あなたがたは、「まだ四か月あって、それから刈り入れだ」と言ってはいませんか。しかし、あなたがたに言います。目を上げて畑を見なさい。色づいて、刈り入れるばかりになっています。〔ヨハネ四・三五〕

福音の種は、蒔《ま》いても踏まれ、土は薄く、すぐに枯れます。私はまるで、壊れた神殿を前にして、ため息ばかりついている人のようです。自信と情熱を失い、疲れを覚えています。でも、あなたは全くそう考えていません。目を上げなさい。畑を見なさい。色づいて、刈り入れるばかりになっていると。あなたが言うのだから、私はもう一度立ち上がります。

10月10日

しかし火の後に、かすかな細い声があった。エリヤはこれを聞くと、すぐに外套《がいとう》で顔をおおい、外に出て洞穴の入り口に立った。すると声がして、こう言った。「エリヤよ、ここで何をしているのか。」

［I列王一九・一二―一三］

エリヤのように、私も疲れました。出口のない働きだとか、溶けて見えなくなる水の上のパンだとか、すべてが徒労に感じられます。力を注いで段取りを重ねた仕事も、終わってみれば虚しく寂しい。「ここで何をしているのか」と主は尋ねます。使命を受け取り直すまで待ってください。とことん落ち込んで横たわり、あなたの与える食事を少しずつ口に含んで回復します。

10月11日

愛する者たち。神がこれほどまでに私たちを愛してくださったのなら、私たちもまた、互いに愛し合うべきです。

［Ⅰヨハネ四・一一］

相手を見下す気持ちに苛《さいな》まれています。そのような自分を嫌います。愛するとは、大切に思うこと。たとえ好きになれなくとも、大切にすることはできます。「あなたに大切にされているこの私」から始めます。意志を強く持って、適切な行動を実行します。少しずつ、私の気持ちも作り変えてください。主の愛が私に迫るように、私の中に相手をいつくしむ思いが生まれることを求めます。

10月12日

こういうわけで、いつまでも残るのは信仰と希望と愛、これら三つです。その中で一番すぐれているのは愛です。

［Iコリント一三・一三］

信仰、希望、愛。いつまでも残る人生のギフトを、すでに与えられている幸いに感謝します。自分の品性を育みながら、意味のある人生を最後まで走り抜けられるように支えてください。愛という源泉が、内からこんこんと湧き出しますように。その愛に絶えず私の心が響き返し、周りにもプレゼントできるように助けてください。

10月13日

わたしは、あなたがたを捨てて孤児にはしません。あなたがたのところに戻って来ます。

［ヨハネ一四・一八］

たとえ私がひとりになっても、あなただけは共におられます。私は孤独を恐れません。孤独はあなたと深いつながりを味わうための、貴重な時間です。あなたは傍らにおられ、身を傾けて私の祈りを聞いてくださいます。決して見捨てない。孤児にしない。手を握って歩いてくださいます。まるごとあなたに身をゆだねます。

10月14日

まことに、みことばは、あなたのすぐ近くにあり、あなたの口にあり、あなたの心にあって、あなたはこれを行うことができる。

［申命三〇・一四］

主よ、あなたのことばを求めています。導きが必要です。それなのに、聖書を開いても文字は入らず、ことばは滑り落ちます。自分の思いと違う呼びかけに耳をふさいでいるとわかっています。私の心を柔らかくしてください。あなたのことばはもうすでに、私の口にも心にもあるはず。聖霊さま、受け取って行えるように助けてください。

10月15日

互いに親切にし、優しい心で赦《ゆる》し合いなさい。神も、キリストにおいてあなたがたを赦してくださったのです。

［エペソ四・三二］

誤解されて悪く言われました。私にも非があり、発したことばは相手を刺してブーメランのように戻ってきました。平和を作るつもりが、失敗ばかり。うまく伝えられません。意見を言う前に内側を聖《きよ》め、親切なことばを選び、イエスさまのあわれみの態度を思い出して伝えられるように助けてください。誤解を解こうと動きません。ただ神に赦しを乞い、私は相手を赦します。

10月16日

愛する者たち、自分で復讐《ふくしゅう》してはいけません。神の怒りにゆだねなさい。
［ローマ一二・一九］

本当に腹が立ちます。怒りが膨らみ、苦い思いでいっぱいです。怒りの渦に巻き込まれそうな今、ありのままこの感情を主に差し出します。十字架の血潮で聖めてください。泡立つ気持ちを鎮めてください。御霊《みたま》によって、相手に気付きが与えられることが願いです。私の思いをはるかに超えた神の愛と知恵に、この問題を任せます。

10月17日

主があなたがたのために戦われるのだ。あなたがたは、ただ黙っていなさい。

［出エジプト一四・一四］

思ってもみない状況に、「いったい何ということをしてくれたのですか」と、追い詰められた民のように私の口は騒ぎ立てます。原因はあの人なのだとうろたえて、責任転嫁したがる私をお赦しください。手に負えないからこそ、主が先に立って戦ってくださいます。私は愚かな口を閉じて主に任せ、静かに行方を観察して祈り続けます。

10月18日

あなたが御霊《みたま》を送られると　彼らは創造されます。あなたは地の面《おもて》を新しくされます。
［詩篇一〇四・三〇］

父なる神は天地を創造し、御子《みこ》イエスは救いを成就されました。助け主なる御霊よ、あなたは世界と人を新しくするために、上から力を注いでくださいます。神の霊によって人は生きるものとなり、教会は聖霊に満たされて始まり、使徒たちは聖霊に油注がれて派遣されていきました。私にも聖霊の力が必要です。飢え渇いています。聖霊で満たし、信仰を強めてください。

10月19日

わたしがあなたがたを引いて行ったその町の繁栄を求め、そのために主に祈れ。そこの繁栄は、あなたがたの繁栄になるのだから。

［エレミヤ二九・七（第三版）］

主よ、意に反して引かれて行った町でしたが、最初から繁栄の約束はありました。長年のうちに置かれた場が当たり前となり、薄れた関心を悔い改めます。神の計画は深く静かに進んでいて、私は祈るようにと選ばれました。町の課題を教えてください。壊れた家庭が回復し、愛の雰囲気が町中に流れますように。祝福を祈ります。

10月20日

しかし、私たちの国籍は天にあります。そこから主イエス・キリストが救い主として来られるのを、私たちは待ち望んでいます。

［ピリピ三・二〇］

私が死んでも、私は生きる。私が死んでも、御国《みくに》に行く。不思議な話、でも本当のこと。私は信じる。だから心配なく、毎日を夢中に生きていく。イエスさま、あなたと顔と顔を合わせてお会いする日が楽しみです。私の国籍は天にあります。先に天へ凱旋《がいせん》した仲間たちと、再会する日も楽しみです。

10月21日

あなたの道を主にゆだねよ。主に信頼せよ。主が成し遂げてくださる。

［詩篇三七・五］

私の道がわかりません。行き止まりに思えます。無闇に動き回ってしまいそうです。この息苦しさを取り除き、落ち着いた心を与えてください。主には最善を成し遂げる力があります。あなたの小径《こみち》は、希望へと続く道。神の小さな声を聞き逃さないように耳を傾けて、祈りつつ、一つずつ選んでいきます。

10月22日

女から生まれた人間は、その齢《よわい》が短く、心乱されることで満ちています。花のように咲き出てはしおれ、影のように逃げ去り、とどまることがありません。

［ヨブ一四・一―二］

気を散らすものがあふれています。イヤホンを外し、スマホを手放し、ネットから遠ざかり、あなたに集中します。私に伝えようとしているみこころを、真っ直ぐに聞く耳を与えてください。雑音を脇に置いて、あなたの元に膝をつきます。あなたの声は、私の人生を豊かにします。絶えずあなたに耳を傾けられるように助けてください。

10月23日

求めなさい。そうすれば与えられます。探しなさい。そうすれば見出します。たたきなさい。そうすれば開かれます。

［マタイ七・七］

求めなさい、とあなたは言います。でも、本当に求めているものが、時々わからなくなります。まず、あなたを第一に求めます。そして、人生の折に触れ、本当に求めるべきものをわからせてください。私の思いを探り、求めているものをことばにできるように助けてください。私は探します。あなたが扉を開いてくださいます。

10月24日

私は切に　主を待ち望んだ。主は私に耳を傾け／助けを求める叫びを聞いてくださった。滅びの穴から　泥沼から／主は私を引き上げてくださった。私の足を巌《いわお》に立たせ／私の歩みを確かにされた。

［詩篇四〇・一―二］

あなたを知らなければよかったと、言ってはいけないことまで吐き出しました。それほど私の苦しみは耐え難く、絶望に追い詰められて崩れ落ちました。でも、あなたは戒めず、私のわめきを優しくすくい、身を傾けて聞いてくださいました。キリストという固い礎の上に置き直された私は、確かな足取りで歩いています。

10月25日

また、人は新しいぶどう酒を古い皮袋に入れたりはしません。そんなことをすれば皮袋は裂け、ぶどう酒が流れ出て、皮袋もだめになります。新しいぶどう酒は新しい皮袋に入れます。そうすれば両方とも保てます。

［マタイ九・一七］

私はあなたの弟子になりましたが、古い自分を惜しむ思いがまだあります。手放したくないのは罪の味を覚えているから。でも、そんなものはいりません。新しいぶどう酒は新しい皮袋に入れてこそ豊潤に香ります。主のいつくしみが古いワタシを刷新し、生きとし生けるものをいとおしむ感受性を与えられました。新しい私を日々選びます。

10月26日

そのとき、若い女は踊って楽しみ、若い男も年寄りも、ともに楽しむ。「わたしは彼らの悲しみを喜びに変え、彼らの憂いを慰め、楽しませる。祭司のたましいを髄《ずい》で潤す。わたしの民は、わたしの恵みに満ち足りる。」

［エレミヤ三一・一三―一四］

神の時が来ると、悲しみは喜びに、憂いは慰めに変わります。私は急《せ》く者なので、同じような日々に苛立《いらだ》ちます。だからこそ、「そのとき」ということばの響きを、今じっくりと味わいます。あなたの時が来ると、私たちのたましいを完全に潤し、楽しませてくださると、信仰の目で見ます。

10月27日

私の敵よ、私のことで喜ぶな。私は倒れても起き上がる。私は闇の中に座しても、主が私の光だ。［ミカ七・八］

私の失敗を喜ぶ者がいます。サタンと呼ばれる敵が、神の愛から引き離す機会を狙っています。倒れたり、つまずいたり、闇にうずくまっても、主は必ず私を助けてくださいます。神の義の聖さと輝きは、まぶしくて誰にも直視できない栄光そのものです。私が光である神を仰ぐ時、サタンは退散します。私は信仰による勝利を、先取りで宣言します。

10月28日

あなたはよく忍耐して、わたしの名のために耐え忍び、疲れ果てなかった。けれども、あなたには責めるべきことがある。あなたは初めの愛から離れてしまった。だから、どこから落ちたのか思い起こし、悔い改めて初めの行いをしなさい。

［黙示録二・三―五］

神を礼拝してきました。捧げてきました。努力もしました。いつしか、源はキリストの品性ではなく、人の行い、ただ習慣になっていたようです。同じ場所で足踏みをしていた信仰の姿勢を悔い改めます。初めの愛に戻ります。あなたの十字架をもう一度見上げ、聖霊に満たされ、神と人を愛します。主にある人生のときめきを返してください。

10月29日

私が植えて、アポロが水を注ぎました。しかし、成長させたのは神です。

［Ｉコリント三・六］

信仰者との交わり不足を感じています。先達《せんだつ》から学びたいのに、環境に恵まれていません。成長させてくださるのは神ご自身なので、人に期待せず、聖霊の助けによって、主のことばを思い起こします。みことばに頼る者には、神の知恵と成長の機会は豊かに与えられると期待します。恵みによって強め、霊的洞察力を増し加え、品性を整えてください。

10月30日

神よ　私はあなたを呼び求めました。あなたは私に答えてくださるからです。私に耳を傾けて　私のことばを聞いてください。

［詩篇一七・六］

言いたいことを言わず、ことばを呑《の》み込んでいるうちに、私が私でなくなってきました。主よ、私は悔しい。怒っている。大嫌い。顔も見たくない。言いたいことも思いのたけもありのまま、あなたにだけは注ぎ、助けを呼び求めます。主は耳を傾け、たじろぎもせずに受け止めて、悲しむ私と共に悲しみ、私のために泣いてくださる。私もあなたに顔を埋めて思いきり泣きます。

10月31日

神である主は、その大地のちりで人を形造り、その鼻にいのちの息を吹き込まれた。それで人は生きるものとなった。［創世二・七］

いのちの息が吹き込まれ、私は生きるものとなりました。今、息を吸い、鼻からゆっくり吐き出します。あなたをもっと近くに感じさせてください。一日の終わりに、目覚めた時から順にたどります。主が寄り添い、支え、手をつないで歩んでくださった小さな出来事や促しを思い返します。今日も主と共に生きるものとなれて感謝します。

11月

November

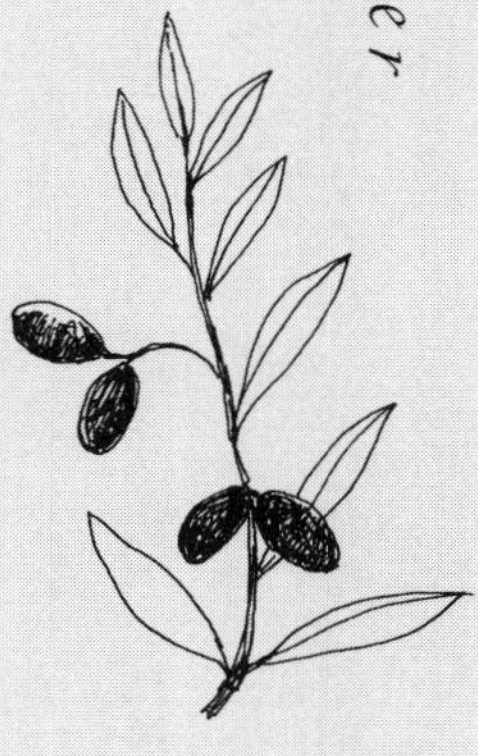

11月1日

生まれたばかりの乳飲み子のように、純粋な、みことばの乳を慕い求めなさい。それによって成長し、救いを得るためです。

［Ⅰペテロ二・二（第三版）］

主よ、成熟した品性を持つ大人のクリスチャンに憧れます。発展途上の私は、あなたのみことばを、今朝もお腹いっぱいにいただきます。生まれたばかりの乳飲み子のように、夢中になって慕い求めます。主のことばに新鮮な思いを持ち続ける感受性と、深い洞察力が結び合い、毎日、大人へと成長することを祈ります。

11月2日

キリストのことばが、あなたがたのうちに豊かに住むようにしなさい。知恵を尽くして互いに教え、忠告し合い、詩と賛美と霊の歌により、感謝をもって心から神に向かって歌いなさい。

［コロサイ三・一六］

キリストのことばは、深い祈りを生み出します。祈りは生きるための呼吸、賛美は生きる喜びです。霊の歌も授けられて、私たちのたましいは神のギフトに喜びます。感謝にあふれて心から賛美と祈りをささげます。互いにみことばに教えられながら、個性を尊重し合い、品性を高め合っていけますように。

11月3日

何も思い煩わないで、あらゆる場合に、感謝をもってささげる祈りと願いによって、あなたがたの願い事を神に知っていただきなさい。そうすれば、すべての理解を超えた神の平安が、あなたがたの心と思いをキリスト・イエスにあって守ってくれます。

［ピリピ四・六―七］

長く願っていることがあります。諦めそうになる時があります。でも、あなたは感謝をもって祈りをささげなさいと言います。いつ、どのようにこの祈りが成就するのかはわかりません。違う現実が起きるかもしれません。それでも最善に導かれると信じて、ありのまま願いを祈ります。そして今、神さまからの圧倒的な平安を私に与えてください。

11月4日

彼女は、「はしためが、あなたのご好意を受けられますように」と言った。それから彼女は帰って食事をした。その顔は、もはや以前のようではなかった。〈ハンナの祈り〉

［Iサムエル一・一八］

心に悩みのあるハンナは、神に心を注ぎ続けました。気が遠くなるほどの長い間には、人から見下され、期待外れを多く味わいました。それでも、最後までくじけずに祈り通しました。ハンナのようなしぶとい祈りの信仰に学びます。小暗き夜半《よわ》を乗り越えて、夜明けへと必ず伴ってくださる主よ、あなたに身を預けて祈り続けます。

11月5日

先のことに心を留めるな。昔のことに目を留めるな。見よ、わたしは新しいことを行う。

［イザヤ四三・一八―一九］

あの時、こうしていなければ。そんな後悔や反省を捨てます。振り返ってくよくよすることに疲れました。澄んだ目で、あなたの備えた道を見ていきたい。あなたのなさる新しいことを、信仰による期待を持って待ち望みます。新しいことを行う。あなたの声が威厳を持って響いています。

11月6日

神である主はこれらの骨にこう言う。見よ。わたしがおまえたちに息を吹き入れるので、おまえたちは生き返る。

［エゼキエル三七・五］

私の信仰は干からびています。ガリガリの骨だけになって、肉も息も見当たりません。黙していれば、良い人に見えても、それは上っ面。サンデークリスチャンをやめて、二重人格の暮らしを捨てます。聖霊さま、あなたの力を注いでください。心から慕い求めます。どうぞ私を生き返らせてください。

11月7日

しかし、聖霊があなたがたの上に臨むとき、あなたがたは力を受けます。そして、エルサレム、ユダヤとサマリアの全土、さらに地の果てまで、わたしの証人《しょうにん》となります。　［使徒一・八］

神さま、初々しい喜びは消え、信仰が小さくなっています。私のたましいはしぼみ、乾ききっています。どうしても必要なのは、あなたの大きな力です。愛と喜びで爆発しそうなほど、聖霊を注いでください。信仰の口を大きく開けます。私をあなたの証人《あかしびと》にしてください。

11月8日

言うべきことは、そのときに聖霊が教えてくださるからです。

［ルカ一二・一二］

いつでもあなたを証《あか》ししたい。どうか、日々、信仰と聖霊で満たして整えてください。キリストについて聞かれた時、福音を薄めたり、恥じたりしないように守ってください。相手に寄り添いながら、救いの確かさを、みことばを平易に伝えられますように。言うべきことは聖霊さまが教えてくださいます。この約束を胸に刻んで、主により頼みながら実践します。

11月9日

というのは、キリストの愛が私たちを取り囲んでいるからです。

［Ⅱコリント五・一四（第三版）］

わけもなく寂しくて、主の愛を身近に感じたい夜です。エデンの園で人が暮らしていた最初の世界に思いを馳せます。キリストの愛に囲まれていた園は、恵みと光に満ちていました。芳しい憩いの園に、私は身を横たえます。あなたのほほえみが私に投げかけられると、物悲しい気持ちが温められます。あなたの見守りの中で、主の優しさを少しずつ味わいます。

11月10日

私は福音を恥としません。福音は、ユダヤ人をはじめギリシア人にも、信じるすべての人に救いをもたらす神の力です。

〔ローマ一・一六〕

神のことばは、人が「宗教」に改ざんし、力を失って枷《かせ》となりました。だからイエスさまは地上に来て人となり、ご自身の肉を裂いて福音を成就されました。私は知識だけのキリスト教を信じません。私はイエス・キリストを信じます。聖書のことばに信頼します。福音はたましいを救う力あることば。あなたはアガペの愛。私はあなたに抱きしめられて顔を上げ、みことばを手渡していきます。

11月11日

そして、毎日心を一つにして宮に集まり、家々でパンを裂き、喜びと真心をもって食事をともにし、神を賛美し、民全体から好意を持たれていた。主は毎日、救われる人々を加えて一つにしてくださった。

［使徒二・四六―四七］

神さま、どうか私たちの教会も、御霊《みたま》によって一致し、礼拝をいのちとさせてください。兄弟姉妹の交わりが勧《すす》んでなされ、食事と喜びを真心から味わう集いとさせてください。賛美とみことばを愛し、実践する群れとして成長し、周りの人たちに良い影響力を持ちますように。礼拝や証《あか》しを通して、救われるたましいを加え続けてください。

11月12日

床《とこ》の上で　あなたを思い起こすとき／夜もすがら　あなたのことを思い巡らすときに。まことに　あなたは私の助けでした。御翼《みつばさ》の陰で私は喜び歌います。私のたましいは　あなたにすがり／あなたの右の手は　私を支えてくださいます。

［詩篇六三・六―八］

この宵《よい》、あなたの恵みを振り返ります。重苦しく孤独な夜、あなたと訣別《けつべつ》しようと思い詰めたあの夜も、黙って傍らに寄り添っておられました。私があなたに顔を上げるその時まで、ひたすら静かに待ってくださいました。今、御翼の覆いの中で私は憩います。平安な気持ちとともに、主の支えを味わいます。私のたましいは平安を喜びます。

11月13日

わたし自身、あなたがたのために立てている計画をよく知っている——主のことば——。それはわざわいではなく平安を与える計画であり、あなたがたに将来と希望を与えるためのものだ。［エレミヤ二九・一一］

神の計画は、将来と希望を与えるものです。行き詰まっている現状に、無駄に落ち込まないように、気持ちにゆとりを与えてください。あなたは言います。私に与えられている計画は平安を与えるものだと。私はそれを信じます。将来、希望、平安ということばの輝きを、心に刻んで今を生きます。

11月14日

イエスは答えられた。「この人が罪を犯したのでもなく、両親でもありません。この人に神のわざが現れるためです。」

［ヨハネ九・三］

努力しても変わらないことや、生まれつきのことがあります。神に出会い、何ひとつ恥じなくてよいと知りました。あなたは因果応報を好みません。いつくしみ深い愛のおかたです。変えられないことを嘆いて人生を浪費したくありません。自分には欠点だと思える弱さにこそ、神の栄光が現れます。ただひたすら、あなただけに期待を寄せていきます。

11月15日

人はうわべを見るが、主は心を見る。

［Iサムエル一六・七］

人と比べられて惨めになりました。陰で悪く言われていることも知っています。悪意から出てくる汚いことばは、私の心をえぐります。感情は煮詰められて憤りに変わり、ドロドロと心を汚《けが》します。ああ、主よ。私はあなたを見上げます。すべてをご覧になっている神よ、あなたの采配に任せます。身を寄せ、傷の手当てをしてください。私の希望はただあなたにあります。

11月16日

心の不安は人を落ち込ませ、親切なことばは人を喜ばせる。

［箴言一二・二五］

ありもしない心配を掘り起こしては、最悪のシナリオを描き、無駄に絶望しています。主よ、この馬鹿げた要塞から私を助け出し、負の縄目を断ち切ってください。不確かな情報や悪意あることばを遠ざけます。生きるに価値あることばを聞きます。みことばの光は心を明るく照らし、そこには希望が生まれます。

11月17日

わたしはあなたを見放さず、あなたを見捨てない。　［ヨシュア一・五］

ゆだねたつもりでも、わざわざ問題を拾ってきては、やっぱり心配していると気付きました。結局、あなたを信じきれない思いが、私の心に今も流れていました。不信仰なこの者をお赦《ゆる》しください。いのちの水で思いを洗い聖《きよ》めてください。主は私を見放さず、見捨てません。なぜなら、あなたは愛だからです。

11月18日

主が地の上に雨を降らせる日まで、そのかめの粉は尽きず、その壺《つぼ》の油はなくならない。

［I列王一七・一四］

飢饉《ききん》の地で、最後の食事しかなかったやもめは、預言者エリヤの勧めに従いました。あなたは生きる人のための神です。今、お金の心配がありますが、走り回るよりもまず祈ります。主の勧めに従います。一握りの粉とわずかな油を豊かな食卓に変えた同じ神は、必要なものを主の方法で与えてくださいます。彼女のように真っ直ぐ信じます。

11月19日

「主の御名《みな》を呼び求める者はみな救われる」のです。［ローマ一〇・一三］

イエスさま、あなたの名前には、とてつもない力があります。主の御名を呼び求めるだけで、人のたましいは救われると言います。どうかあの人が、あなたの御名の力を知ることができますように。ただ求め、救いを受け取り、圧倒的な平安を喜ぶ日が訪れますように。人のたましいの救いに対する主の情熱と私も一つになって、とりなして祈り続けます。

11月20日

主の聖徒たちの死は　主の目に尊《たっと》い。

［詩篇一一六・一五］

死ぬことの実際はわかりません。でも、恐れはなく、避けたい気持ちもなく、人生の道筋だと納得できる恵みを感謝します。死ぬことは尊く価値があると、あなたは言われます。神の時がくれば、御国《みくに》に招いてくださる。私には帰る場所があり、再会を約束した大勢が待っている。真っ先に会うのは、イエスさま。よくやった良いしもべだと言ってくださる時を楽しみにしています。

11月21日

神である主は、人に呼びかけ、彼に言われた。「あなたはどこにいるのか。」
［創世三・九］

対話が道を外れて、ざらざらした気分だけが残りました。胸の内を覗《のぞ》いてみれば、積年の不満がそこにありました。今も相手のせいにしたい古いワタシがいます。人が造られた最初から、誰かのせいにして責任転嫁するのが人の罪です。「あなたは、どこにいるのか」と神から問われた私は、自分の愛のなさを悔い改めます。罪のないイエスさま、ごめんなさい。

11月22日

心の貧しい者は幸いです。天の御国《みくに》はその人たちのものだからです。

［マタイ五・三］

あなたは時々、苦手な人を目の前に置いて私を鍛えます。心貧しくなるのは難しいです。人の成功にざわつき、見下げてみたり、愛が薄まって、面倒を避けたり。次々と出てくる小さなトゲが私を刺して痛みます。主よ、高ぶりを認めて悔い改めます。こんな者でしかないと主に差し出すと、少しは貧しい者の幸いがわかります。キリストの心が私の内で栄えますように。

11月23日

ご機嫌取りのような、うわべだけの仕え方ではなく、キリストのしもべとして心から神のみこころを行い、人にではなく主に仕えるように、喜んで仕えなさい。

［エペソ六・六―七］

仕事をありがとうございます。毎日の経済的な支えを感謝します。働くことには大変さもありますが、社会とつながり人に貢献できるかけがえのない恵みです。置かれた職場環境においてクリスチャンはいませんが、だからこそ自分が世の光、地の塩となるように整えてくださいい。好き嫌いを脇に置いて、目の前にいつも主がおられるように、真心から人々に仕えていきます。

11月24日

私たちの主であり、救い主であるイエス・キリストの恵みと知識において成長しなさい。イエス・キリストに栄光が、今も永遠の日に至るまでもありますように。

［Ⅱペテロ三・一八］

朝、みことばで一日が始まり、神の教えを折に触れて思い起こし、主が生きておられることを見つけ味わう毎日が私の願いです。働くことも休むことも何もかも、生きる営みのすべてに主の香りが流れますように。時が来ると御霊《みたま》の実を結び、それらが人の役に立ちますように。社会の必要を担い合う生き方を、人生を通して実現させてください。私はキリストに倣って成長したい。

11月25日

まことに、まことに、あなたがたに言います。一粒の麦は、地に落ちて死ななければ、一粒のままです。しかし、死ぬなら、豊かな実を結びます。

［ヨハネ一二・二四］

欠けは恥だと思っていました。でも、それは役立たずの空っぽではなく、神の力が豊かに働く特別な窓でした。あなたはそこから多彩な景色を見せてくれます。得意は私の価値だと思っていました。でも、得意がって歩いていると、私は時々あなたを置き去りにして外は真っ暗、何も見えません。古い人は死んで、新しい私で生きます。豊かな実を結べるように成長させてください。

11月26日

ですから、私たちは落胆しません。たとえ私たちの外なる人は衰えても、内なる人は日々新たにされています。

［Ⅱコリント四・一六］

神さまにいただいたいのちの息は、いずれ体を離れて、たましいはあなたの元へ帰ります。素晴らしい人生のサイクルを知った私に恐れはありません。不自由が増えたとしても、私にはほほえみと賛美と祈りがあります。神と隣人とコミュニティを愛しながら、日々を丁寧に過ごせますように。最期まで精神とたましいの自由を守り抜いて、主と共に生き抜くことを願い祈ります。

11月27日

神のなさることは、すべて時にかなって美しい。神はまた、人の心に永遠を与えられた。しかし人は、神が行うみわざの始まりから終わりまでを見極めることができない。

［伝道者三・一一］

神の時間の流れは、私が思うよりゆったりしています。私といえば、「大変だ、遅刻する」と言って穴に飛び込む白ウサギのような慌てぶりです。心に蓄えてきたみことばは、人生を経験していく中でじわじわ発酵し、ある日、その意味がはっきりと分かります。その時、私はあなたの真理を味わい、神のなさることはすべて時にかなって美しいとほめたたえるでしょう。

11月28日

そこで私たちは、私たちの神に祈り、彼らに備えて昼も夜も見張りを置いた。

［ネヘミヤ四・九］

ぶっかけごはんのように、みことばをかき込んでいるうちに、必要な栄養が心まで行き渡っていませんでした。昼も夜も、聖霊さまが私の心を見張って、みことばを思い起こさせてください。自分に頼り、調子に乗って倒れないように、足場をしっかり組み立てます。私自身も、心を見張って敵の攻撃に備えます。

11月29日

私は自分の罪をあなたに知らせ／自分の咎《とが》を隠しませんでした。私は言いました。「私の背きを主に告白しよう」と。するとあなたは私の罪のとがめを／赦してくださいました。

［詩篇三二・五］

私はあなたにそのまま悔い改めます。この失敗を繰り返さないためにも探ってください。心の何に触れてしまったのかを教えてください。プライド、被害者意識、自己憐憫《れんびん》。弱さのもとになっているものをわからせ、どうぞ贖《あがな》いの十字架で処分してください。あなたの赦しは私の心を新しく、自由にしてくださる恵みの力です。

11月30日

明日のことは明日が心配します。苦労はその日その日に十分あります。

［マタイ六・三四］

家事と仕事に忙しく、時間が足りません。段取りに追われ続け、毎日が必死に過ぎていきます。夜、その日のすべてに、区切りをつけたい。暗い気分を持ち越さず、神さまありがとうと言って締めくくりたい。忘れていいことはすっかり忘れ、明日の心配はしません。主よ、あなたが私の暮らしの中心です。真っさらな明日を楽しみに、ほほえみながら眠りにつきます。

12月

December

12月1日

ですから、信仰は聞くことから始まります。聞くことは、キリストについてのことばを通して実現するのです。

［ローマ一〇・一七］

あなたのことばを聞くうちに、神の愛を知りたいと願いました。やがてそれは糧となり、小さな信仰が生まれました。信じきれないけれど、信じたい。その思いが芽を出して、光に向かって伸びていくうちに、私の傷は癒えていきました。キリストのことばを愛します。あなたのことばはいのちを育みます。主よ、感謝します。

12月2日

御霊《みたま》によって歩みなさい。そうすれば、肉の欲望を満たすことは決してありません。

［ガラテヤ五・一六］

主の御名《みな》をほめたたえます。私を聖《きよ》め、聖霊で満たしてください。御霊によって歩みます。すべての備えがあることを感謝します。肉から出る思いを遠ざけてください。新しい人として生きます。今日出会うすべての人との関係に、主の愛が豊かに働いてください。第一のことを第一に選びます。聖霊さまの促しに聡《さと》く、賢く聞き分けられるように、霊的な目を開いてください。

12月3日

宿屋には彼らのいる場所がなかったからである。［ルカ二・七］

アドベントを迎えています。今、この一年間を振り返ります。イエスさまがお生まれになる場所は宿屋にありませんでした。私の毎日にイエスさまの居場所は十分あるでしょうか。あなたの光で照らし、悔い改めるべきことを具体的に聖霊さまが教えてください。クリスマスの朝、人のために人となってくださった幼子イエスを、晴々とした気持ちでお迎えできるように整えてください。

12月4日

使徒たちは、主イエスの復活を大きな力をもって証《あか》しし、大きな恵みが彼ら全員の上にあった。

［使徒四・三三］

聖霊に満たされると、私たちは力を受けて、あなたの証人《あかしびと》となります。永遠の滅びに向かって行く人を見ていられないこの気持ちは、あなたの熱心です。私の内に生きるイエスさまが、泣いておられます。先にこの愛をいただいた者として、私たちはあなたを伝えます。教会が地域に向かってさらに開かれ、悩みと迷いの中にある方々の希望の光になれますように。

12月5日

だが今、主はこう言われる。……「恐れるな。わたしがあなたを贖《あがな》ったからだ。わたしはあなたの名を呼んだ。あなたは、わたしのもの。あなたが水の中を過ぎるときも、わたしは、あなたとともにいる。川を渡るときも、あなたは押し流されず、火の中を歩いても、あなたは焼かれず、炎はあなたに燃えつかない。」［イザヤ四三・一―二］

恐れは敵です。相手の言動や表情を過度に恐れず、不必要に自分を苦しめないように、心の目と耳を守ってください。あなたは手を握って流れの速い川を共に渡り、火の中でさえ道を作られるおかたです。主は私の名を呼んでいます。恐れるな、恐れるな。私は主のものです。恐れるな、恐れるな。

12月6日

それゆえ私は　生きるかぎりあなたをほめたたえ／あなたの御名《みな》により　両手を上げて祈ります。

［詩篇六三・四］

これまで数々の辛《つら》い出来事を乗り越えさせてくださり感謝します。あなたはまことの神です。御名の力を信じる者を、裏切ることはありません。周りは敵ばかり、出口なしに感じられ、孤立を深めた絶望の日々を振り返ると、今、信じられないほどの平安が内に満ちています。私は生きているかぎり、ほめたたえます。神を感謝することは、私の生きる力です。

12月7日

怒《いか》っても、罪を犯してはなりません。憤ったままで日が暮れるようであってはいけません。悪魔に機会を与えないようにしなさい。

［エペソ四・二六―二七］

神さま、この憤りを取り扱ってください。胸に潜む否定的なことばと対話したくありません。だから今、あなたに打ち明けます。渦巻いている怒りを敵が足場としないため、心の方向を切り替えます。あなたの愛だけが、煮え立つ私の気持ちをなだめてくださいます。

12月8日

すべての人との平和を追い求め、また、聖《きよ》さを追い求めなさい。聖さがなければ、だれも主を見ることができません。　［ヘブル一二・一四］

人を変えることはできません。すべての人を好きにはなれません。でも、平和を追い求めることはできます。主のあわれみの目を持ちます。相手を肯定して、良いところを見ます。古いワタシの苦い性分が出そうになったら、すぐに根っこを切り捨てて、主に差し出します。あなたとの親しい交わりで満たされ、その愛を対人関係に働かせていけるように導いてください。

12月9日

この世と調子を合わせてはいけません。むしろ、心を新たにすることで、自分を変えていただきなさい。そうすれば、神のみこころは何か、すなわち、何が良いことで、神に喜ばれ、完全であるのかを見分けるようになります。

［ローマ一二・二］

飛び出ると打たれ、黙っていると仲間外れにされ、人間関係は難しい。この世に合わせて気を遣いすぎると自分を失います。二心のある生き方はキリストを失います。私はただシンプルにあなたのみこころに聞き従い、裏表なく軽やかな生き方を実現したい。心の一新によって私はあなたにフォーカスします。

12月10日

すべて疲れた人、重荷を負っている人はわたしのもとに来なさい。わたしがあなたがたを休ませてあげます。

［マタイ一一・二八］

主よ、私は疲れました。重荷がありすぎて、何から降ろせばいいのかわからないほどです。生活・仕事・家族の重荷と数えればきりがありません。締め切りのない仕事を延々と抱えているようで気持ちが安まりません。だからあなたのところに来ました。主が休ませてくださいます。あなたに甘えます。私のたましいは息を吹き返します。どうぞ、聖霊で満たしてください。

12月11日

神よ　私にきよい心を造り／揺るがない霊を　私のうちに新しくしてください。私を　あなたの御前《みまえ》から投げ捨てず／あなたの聖なる御霊《みたま》を／私から取り去らないでください。あなたの救いの喜びを私に戻し／仕えることを喜ぶ霊で　私を支えてください。［詩篇五一・一〇―一二］

忙しさに紛れ、心は雑然と乱れています。何から手を付ければいいいのかわかりません。献身どころか己を守るのに必死です。やり直すチャンスを与えてください。あなたの御前から投げ捨てず、聖霊さまを取り去らないでください。救われた初めの愛を思い起こし、喜んで仕える霊が私を支えてくださいますように。

12月12日

軽々しく心を苛立《いらだ》たせてはならない。苛立ちは愚かな者の胸にとどまるから。

［伝道者七・九］

相手の言動に引っかかると苛立ちを隠せず、人との間に傷跡を残すことがあります。私を癒やし、必要以上な苛立ちを鎮めてください。相手と感情の境界線を越えないように、優しく諭し導いてください。人の言動にはさして反応せず、やんわりいきます。相手の歩幅を尊重しながら、自分もゆったり自然体を選びます。どうぞこの願いどおりに私を整えてください。

12月13日

二人は言った。「主イエスを信じなさい。そうすれば、あなたもあなたの家族も救われます。」

［使徒一六・三一］

目で見て触《さわ》れなくとも、あなたを信じたいと願った不思議を思います。私の人生に「信じる」の種が蒔《ま》かれ、芽を出し育ち、賛美と感謝のギフトをいただいて、満ち足りる幸せを知りました。救われるには、イエスさまをただ信じるだけ。天につながり愛に生かされる喜びを家族も知り、主を見上げる日が来ると信じます。どうぞ私の家族を、みことばどおりに救ってください。

12月14日

私は、すでに得たのでもなく、すでに完全にされているのでもありません。ただ捕らえようとして追求しているのです。そして、それを得るようにと、キリスト・イエスが私を捕らえてくださったのです。

［ピリピ三・一二］

幻のない民は滅びる。だからビジョンを持てと主は言われます。私のゴールはあなたです。何をしようと、どこへ行こうと、それはキリストを今より深く知っていく道。手で触れるほどの確かさと親しい交わりを求め続け、私は託された道を歩みます。目の前にはいつもイエスさまのほほえみがあるのだと、心の目で見て信じます。

12月15日

光は闇の中に輝いている。闇はこれに打ち勝たなかった。［ヨハネ一・五］

時代の闇が深まっています。人は自分を守ることに必死です。聞こえのよいことばを発したその口が、平気で人を悪く言います。愛が冷めた世界では、人間関係の疲れが澱《おり》のように溜まります。小さな私の中で確かに生きておられる大きなイエスさま。あなた自身が私の内で輝きを放ち、予測の難しい時代の闇に打ち勝つ力を授けてください。光は闇の中に輝きます。

12月16日

神の国はあなたがたのただ中にあるのです。

［ルカ一七・二一］

時が満ち、神の国が近づいたと主は言われます。私に関係ないと思っていた神の国は、たましいの話でした。深いところでうめいていたたましいは、あなたに出会って十字架の橋を渡りました。今、私のただ中にあります。私のたましいは喜んでいます。神の国は初めて味わうこの平安は、幼い頃の甘やかな時間に似ています。神の国が、私の中で伸びやかに広がっていきますように。

12月17日

エリヤは皆の前に進み出て言った。「おまえたちは、いつまで、どっちつかずによろめいているのか。」

［I列王一八・二一］

古いワタシが、捨てたくないものを手放しません。これを捨てると、私が私でなくなるような気がします。どうして我欲にこだわるのか、しがみつきたがる自分に笑えます。この体がある限り悩み迷いはする。だが、いつまでどっちつかずによろめいているのか。私の心よ、しっかりしなさい。古いワタシと罪は、十字架に渡せばよい。ただキリストを見て歩みなさい。

12月18日

あなたがたのうちに、知恵に欠けている人がいるなら、その人は、だれにでも惜しみなく、とがめることなく与えてくださる神に求めなさい。そうすれば与えられます。

［ヤコブ一・五］

あなたの導きが必要です。私は悩んでいます。この問題に、どこから手をつければいいのかわからず途方に暮れています。主はありのまま受け止めてくださるかたです。あなたに頼ります。主の知恵を与えてください。みことばによって示してください。礼拝や状況を通してでも、私にわかるように教えてください。惜しみなく、とがめることなく与えてくださる主にひたすら期待します。

12月19日

あなたがたがわたしを選んだのではなく、わたしがあなたがたを選び、あなたがたを任命しました。それは、あなたがたが行って実を結び、その実が残るようになるため、また、あなたがたがわたしの名によって父に求めるものをすべて、父が与えてくださるようになるためです。

［ヨハネ一五・一六］

神さまのお役に立ちたい。困っている人を助けたい。倒れそうな人を支えたい。悲しんでいる人を励ましたり、孤独な人に食事を届けたい。たくさんの「したい」を抱えながら、ぐずぐず内気になったり、ためらったりしていいます。キリストにつながっていれば大丈夫。あなたに選ばれたのだから、自信を持って隣人《となりびと》のところへ行ってきます。

12月20日

マリアは言った。「ご覧ください。私は主のはしためです。どうぞ、あなたのおことばどおり、この身になりますように。」すると、御使《みつか》いは彼女から去って行った。

［ルカ一・三八］

驚くばかりの知らせに、十代のマリアはシンプルに応えました。「どうぞ、あなたのおことばどおり、この身になりますように」。私も、今、先のわからない状況に置かれています。迷子になって泣くよりも、主の衣をつかんで、あなたを真っ直ぐ見上げたい。どうぞ、みこころがこの身になりますように。心から信頼して従います。

12月21日

神は、実に、そのひとり子をお与えになったほどに世を愛された。それは御子《みこ》を信じる者が、一人として滅びることなく、永遠のいのちを持つためである。

［ヨハネ三・一六］

「永遠のいのち」。特別な響きに、心が躍ります。死ぬためにではなく、永遠に生きるために生きている。素晴らしいギフトを与えるために、あなたのひとり子イエスさまを身代わりにしてくださった。十字架の死。この事実に胸が震えます。「一人として滅びることなく」と願う壮大な計画の中に、私は今日も生かされています。

12月22日

私たちがキリストから聞き、あなたがたに伝える使信は、神は光であり、神には闇が全くないということです。

［Ｉヨハネ一・五］

あなたは光、暗いところはありません。この世界は逆さまで、人の気持ちや生活に重く影を落とす闇が蔓延《まんえん》しています。不安に縛られ、ことばは汚《よご》れ、社会は分断を好み、その裂け目から見えるのは絶望です。でも、主のいのちは信じた心に灯《とも》されて、周りを照らします。世界中にいる小さな「私」から、すべてのまちにこの希望の光が、祝福の祈りとともに広がりますように。

12月23日

いと高き所で、栄光が神にあるように。地の上で、平和が／みこころにかなう人々にあるように。

［ルカ二・一四］

イエスさま、あなたは平和の神です。人間の救いのために地上に来てくださいました。憎しみと争いが世界中で起きています。多くの人の思いが闇の影響を受け、愛が冷めていると感じます。自分にいったい何ができるかと無力を嘆かず、祈りで立ち上がります。祈りは力。今、世界中でささげられている平和を願う祈りを、あなたがひとつに束ねてくださると信じます。

12月24日

「見なさい。私は、この民全体に与えられる、大きな喜びを告げ知らせます。今日ダビデの町で、あなたがたのために救い主がお生まれになりました。この方こそ主キリストです。」　［ルカ二・一〇―一一］

クリスマスイブ、主に愛されていることを静かに味わいます。忙《せわ》しないシーズンを駆け抜けている間、主はほほえんで見守ってくださいました。罪の隔てなく主と親しく交われる特権を、今、存分に用います。あなたに出会えて本当によかった。二千年以上前の羊飼いや星に導かれた博士たちの大きな喜びは、私の喜び。これは主が設けられた日。この日を楽しみ喜びます。

12月25日

ひとりのみどりごが私たちのために生まれる。ひとりの男の子が私たちに与えられる。主権はその肩にあり、その名は「不思議な助言者、力ある神、永遠の父、平和の君」と呼ばれる。

［イザヤ九・六］

うれしい、うれしい、クリスマス。昔々、イエスさまが人となって誕生した夜を思い巡らします。羊飼いや博士たちに届いた良い知らせは、私にも届きました。本物のクリスマスをお祝いできる恵みをありがとうございます。偉大なカウンセラーであり、力ある神、永遠のいのちを授ける平和の君、この一年も守ってくださり、心から感謝します。

12月26日

主は、ある人たちが遅れていると思っているように、約束したことを遅らせているのではなく、あなたがたに対して忍耐しておられるのです。だれも滅びることがなく、すべての人が悔い改めに進むことを望んでおられるのです。

［Ⅱペテロ三・九］

天地を創造された父なる神よ、いずれ新しい天地が来ることを教えてくださりありがとうございます。主の日がいつ来ても悔いのないように、たましいの救いを祈る情熱を注いでください。御子《みこ》イエスさまを人間の罪の身代わりにしてくださった神さま、あなたの思いを私の心に重ねます。人間たちの救いを忍耐強く待ち続けてきたその愛が、混乱したこの時代の希望です。

12月27日

いのちのことばをしっかり握り、彼らの間で世の光として輝くためです。

［ピリピ二・一六］

いのちのことばをありがとうございます。聖霊さま、私を促して絶えずみことばを思い起こさせてください。どうぞ主の誠実と柔和な性質が自分のものになるように作り変えてください。福音を知らない人たちと過ごす中で、私の態度や表情に、内なるイエスさまが輝き出してくださることを願い求めます。

12月28日

こういうわけで、私たちは聞いたことを、ますますしっかりと心に留め、押し流されないようにしなければなりません。［ヘブル二・一］

ぼんやり生きていると混ぜ物が多くなり、気付いた時には力を失った抜け殻の信仰者が横たわっています。聞いたはずのみことばは、日々の煩いに押し流されてどこにも姿はなく、凝り固まった考え方が、兜《かぶと》みたいに威張った姿で頭に載っかっている。みことばをしっかり心に刻んで私の生き方にすることを、一年の終わりを前にして新たに決意します。

12月29日

「私たちは神の中に生き、動き、存在している」のです。

［使徒一七・二八］

今日もあなたが共にいてくださり、ありがとうございます。一日の終わりに、与えられた恵みを感謝とともに数えます。小さな事柄にも、あなたのささやきや守りを感じました。今、その時間を振り返り、もう一度味わい直します。主は生きておられます。あなたに見守られて、私は深い眠りに入ります。

12月30日

私のたましいよ　黙って　ただ神を待ち望め。私の望みは神から来るからだ。

［詩篇六二・五］

神さま、今年もここまで生きることができて感謝します。これまで様々なことがありました。今、霊的な休息の必要を感じて、あなたの前に来ました。私のたましいは黙って、ただあなたを待ち望みます。内にある思いを告げます。癒やしの必要なところには手を置いてください。私の希望の基《もとい》である主よ、あなたの声を聞きます。あなたの思いを教えてください。静かな主の声を待ち望みます。

12月31日

あなたがたが年をとっても、わたしは同じようにする。あなたがたが白髪《しらが》になっても、わたしは背負う。わたしはそうしてきたのだ。わたしは運ぶ。背負って救い出す。

［イザヤ四六・四］

神さま、今日という日まで、私の手を引き導いてくださり感謝します。大人の時間はあまりに早く過ぎ、今年も暮れていきます。この一年間、主の助けによって一つ一つを乗り越えることができました。あなたを信頼し、ゆだねることを教えられ、すべての経験が宝です。先のことは見えずとも、私を背負うという約束に安心して甘え、新しい年も主と共に感謝と喜びにあふれて生きていきます。

column 4

お茶の時間

秋と冬、とりわけ紅茶を美味《おい》しく感じる季節です。丸いポットに茶葉を入れ、沸騰したお湯を注ぎ、じっくり蒸らしたらひと混ぜしてカップへ。この手順にも癒やされます。

お茶の時間が昔から好きです。ルーツは『くまのパディントン』の「お11時」や、『赤毛のアン』あたり。紅茶があれば、おしゃべりははずみ、コミュニティが生まれます。一杯のお茶には日々の喧騒《けんそう》を洗い流す力があります。

季節の茶葉を買うのは、旅に行くような心持ちです。紅茶は農作物。遠くスリランカやインドで生産する働き人を思います。ただ、日常ではもっと簡単に済ませたい人も多いでしょう。そこで、ティーバッグの出番です。

私はカフェインに弱く、夕方以降はカフェイン少なめのお茶を選びます。夜のお茶は、もつれた気持ちをほぐす安らぎの飲み物。例えば、イタリアの麦茶オルヅォ、キャラメル風味のルイボス、小豆茶《あずき》、リラックス効果のあるほうじ茶。就寝前にはレンジで60度に温めた白湯を。体も心も温まって一日を終える幸いに感謝します。

おわりに

三年前、次は祈りの本をと決まったものの、親の介護等、次々と課題が押し寄せ、執筆は延び延びに。意を決して執筆し始めたとたん、今度は父を含む大切な三人を立て続けに見送りました。この間、祈っていただくことの力を改めて体験しました。

結婚をして東京の下町墨田に来た時、身近に祈りの友はなく、教会の祈りは硬直化していました。嘆く私に、「あなたから始めればいい」と先輩に促され、「教会を祈りの宮に」「祈りの友を私に」と主に祈り始めました。長い年月をかけて、教会は祈りが大好きな共同体へと今も成長中。祈りの友たちは、自転車圏内にいるほか、LINEのおかげで全国各地

に安心できる祈りのコミュニティが広がりました。

祈られた者は祈る者になる。この恵みのサイクルが私は好きです。キリスト者となって心底よかったのは、祈る相手、主を知っていること。また、「祈っています」と心から言えることだと思っています。

シリーズ一作目に続き、RARI YOSHIO さんが美しい線画を描いてくださいました。最良の伴走者である編集の藤原亜紀子さん、祈りの先輩である依田和子先生、女性祈り会、ＪＯＢＣ教職女子会、牧師夫人限定エステルたちの祈り会、墨田聖書教会、それぞれの仲間と、日々の祈りの友でもある大切な家族石川良男に、心からの感謝を伝えます。

二〇二三年　秋

宮　葉子

本文の聖書箇所・省略表記一覧

旧約聖書
（上段が文書名、下段が省略表記）

文書名	省略表記
創世記	創世
出エジプト記	出エジプト
レビ記	レビ
民数記	民数
申命記	申命
ヨシュア記	ヨシュア
士師記	士師
ルツ記	ルツ
サムエル記第一	Ⅰサムエル
サムエル記第二	Ⅱサムエル
列王記第一	Ⅰ列王
列王記第二	Ⅱ列王
歴代誌第一	Ⅰ歴代
歴代誌第二	Ⅱ歴代
エズラ記	エズラ
ネヘミヤ記	ネヘミヤ
エステル記	エステル
ヨブ記	ヨブ
詩篇	詩篇
箴言	箴言
伝道者の書	伝道者
雅歌	雅歌
イザヤ書	イザヤ
エレミヤ書	エレミヤ
哀歌	哀歌
エゼキエル書	エゼキエル
ダニエル書	ダニエル
ホセア書	ホセア
ヨエル書	ヨエル
アモス書	アモス
オバデヤ書	オバデヤ
ヨナ書	ヨナ
ミカ書	ミカ
ナホム書	ナホム
ハバクク書	ハバクク
ゼパニヤ書	ゼパニヤ
ハガイ書	ハガイ
ゼカリヤ書	ゼカリヤ
マラキ書	マラキ

新約聖書
（上段が文書名、下段が省略表記）

文書名	省略表記
マタイの福音書	マタイ
マルコの福音書	マルコ
ルカの福音書	ルカ
ヨハネの福音書	ヨハネ
使徒の働き	使徒
ローマ人への手紙	ローマ
コリント人への手紙第一	Ⅰコリント
コリント人への手紙第二	Ⅱコリント
ガラテヤ人への手紙	ガラテヤ
エペソ人への手紙	エペソ
ピリピ人への手紙	ピリピ
コロサイ人への手紙	コロサイ
テサロニケ人への手紙第一	Ⅰテサロニケ
テサロニケ人への手紙第二	Ⅱテサロニケ
テモテへの手紙第一	Ⅰテモテ
テモテへの手紙第二	Ⅱテモテ
テトスへの手紙	テトス
ピレモンへの手紙	ピレモン
ヘブル人への手紙	ヘブル
ヤコブの手紙	ヤコブ
ペテロの手紙第一	Ⅰペテロ
ペテロの手紙第二	Ⅱペテロ
ヨハネの手紙第一	Ⅰヨハネ
ヨハネの手紙第二	Ⅱヨハネ
ヨハネの手紙第三	Ⅲヨハネ
ユダの手紙	ユダ
ヨハネの黙示録	黙示録

366日の祈り
テーマ別索引
（50音順）

＊複数掲載あり

宮 葉子（みや・ようこ）

立教大学文学部卒業。「向島こひつじ書房」の名で読書会や子どもの本のワークショップ等を行う。墨田聖書教会の石川良男牧師と結婚後、聖契神学校で学び牧会に携わる。2008年より女性の心の再建を支援する「pray&hopeプロジェクト」を主宰。著書に、『「料理研究家」たち』（日本放送出版協会）、『料理を作る仕事につきたい』（同文書院）、『こころのごはん』『アンが愛した聖書のことば』『憲法に「愛」を読む』『こころのよるごはん』（以上、いのちのことば社）がある。

Instagram https://instagram.com/booksheepbook

こころのごはん
366日の祈り

2023年12月25日発行

著者 宮葉子

イラスト RARI YOSHIO

ブックデザイン タルタルツコ

発行 いのちのことば社〈フォレストブックス〉
〒164-0001 東京都中野区中野2-1- 5
編集 Tel.03-5341-6924 Fax. 03-5341-6932
営業 Tel.03-5341-6920 Fax. 03-5341-6921
印刷・製本 モリモト印刷株式会社

ISBN 978-4-264-04446-8